本文系2022年度河南省软科学重点项目“习近平法治思想引领法治河南建设实践研究（222400410024）”、2022年河南省哲学社科规划项目“智能社会数据权利体系建设的公法治理研究（2022BFX007）”的阶段性成果，并获得河南省青年骨干教师培养计划（2018GGJS073）和省级教改项目“法学研究生学位论文质量监督体系构建研究（2021SJGLX243Y）”、2020年校级科研团队《国家治理能力和治理体系法治化研究》项目的支持。

地方法治的理论与实践

基于法治河南建设的考察

樊晓磊　著

DIFANG FAZHI DE
LILUN YU SHIJIAN
JIYU FAZHI HENAN JIANSHE DE KAOCHA

法律出版社
LAW PRESS · CHINA
北京

图书在版编目(CIP)数据

地方法治的理论与实践：基于法治河南建设的考察 / 樊晓磊著. -- 北京：法律出版社，2023
ISBN 978-7-5197-8319-8

Ⅰ. ①地… Ⅱ. ①樊… Ⅲ. ①社会主义法治-建设-研究-河南 Ⅳ. ①D927.61

中国国家版本馆 CIP 数据核字(2023)第 174397 号

地方法治的理论与实践
——基于法治河南建设的考察
DIFANG FAZHI DE LILUN YU SHIJIAN
—JIYU FAZHI HENAN JIANSHE DE KAOCHA

樊晓磊 著

责任编辑 许 睿
装帧设计 鲍龙卉

出版发行 法律出版社
编辑统筹 司法实务出版分社
责任校对 朱轶佳
责任印制 胡晓雅
经　　销 新华书店

开本 710 毫米×1000 毫米 1/16
印张 11.25 **字数** 201 千
版本 2023 年 9 月第 1 版
印次 2023 年 9 月第 1 次印刷
印刷 北京建宏印刷有限公司

地址:北京市丰台区莲花池西里 7 号(100073)
网址:www.lawpress.com.cn
投稿邮箱:info@lawpress.com.cn
举报盗版邮箱:jbwq@lawpress.com.cn

销售电话:010-83938349
客服电话:010-83938350
咨询电话:010-63939796

书号:ISBN 978-7-5197-8319-8 **定价:**68.00 元

凡购买本社图书,如有印装错误,我社负责退换。电话:010-83938349

目　录

第一章　地方法治的基础理论

理论是驱动实践的指南,法治建设的所有实践问题都必须从科学的理论中获取解决的路径和方案。从我国基本国情出发,同改革开放不断深化相适应,总结和运用党领导人民实行法治的成功经验,更是我们推进法治建设的基本依靠。中国特色社会主义的法治也必然离不开中国特色社会主义的法治理论,法治中国的建设以我们国家各地方的法治建设为基础,因此,地方法治的建设和发展,既要遵循总体的中国特色社会主义法治理论的指导,也要尊重和服从地方法治一般理论对地方基本实际的科学判断与分析。

第一节　中国特色社会主义法治理论的产生和发展

一、1949 年以来从"法制"到"法治"的理论变迁

中华人民共和国成立初期,法制理论在形成过程中面临两个问题:一是西化,二是继承传统法制思想。从我国社会主义的性质来说,显然这两种方式都是不可取的。因此,中华人民共和国成立初期一方面要扬弃西方法治理论,另一方面要将马克思主义法治理论与中国具体国情相结合,并且吸收传统法制思想的精髓,在实现马克思主义法治理论中国化的过程中大步前进。

自原《中国人民政治协商会议共同纲领》(以下简称《共同纲领》)制定并通过之后,中华人民共和国成立初期的法制建设就开启了一个发展新阶段,此时,我们党团结各民主党派为完成民主革命到社会主义革命的转变发挥了重要作用。原《共同纲领》规定了"中华人民共和国的国家政权属于人民",[1]以此确立了人民代表大会制度。它的又一个重要性内容就是创造性地确定了"民族区

---

[1] 陈扬勇:《〈共同纲领〉与新中国三大政治制度的确立》,载《党的文献》2009 年第 4 期。

域自治制度”。除此之外，它还确定了中国共产党领导的多党合作和政治协商制度。可以说，原《共同纲领》确定的这三大制度是新中国法制发展的基石，它为当代中国的发展奠定了坚实的制度基础。

1954 年中华人民共和国通过了新中国的第一部宪法，即“五四宪法”，它在真正意义上解决了我国在政治、经济、文化建设中的“无法可依”的状况。随后，依据原《共同纲领》以及“五四宪法”，我国先后制定了《婚姻法》（已失效）、《土地改革法》（已失效）以及《工会法》（已失效）、《中华人民共和国惩治反革命条例》（已失效）等一系列法律规范，“有法可依”实现了落地。但是，法律的完善不仅包括法律条文的完善，更重要的是用法者法律思维的转换。新中国成立初期的经济建设主要依照计划经济进行，在经济建设遇到一些问题的时候，往往只重视政治问题而忽略法律问题，常常依据政治手段进行批评教育而缺少必要的法律制裁，问题尤其突出的是领导干部将法律作为管理老百姓的手段，自己是否遵守无关紧要。因此，现代“法治”的理念并未得到真正的确认。

党的十五大确立了邓小平理论并将其写入党章。在此基础上提出了“依法治国，建设社会主义法治国家”的基本方略，这标志着我们党治理国家模式的转变，作为执政党其由原来的依靠政策、口号的方式治理国家到十五大确定的以法治的方式治理国家，本质上是由政策性治理的不确定到法律治理的确定性，可以称为“我们党领导人民治理国家方略的‘革命性’转变，即作为执政党在执政方式上以法治代替政策和口号的根本性转变”。[1]

邓小平明确指出，要“做到有法可依，有法必依，执法必严，违法必究”。[2]只有将法治作为国家治理的根本出发点与政治、经济的根本立足点，才能够实现国家治理具有更长远的稳定性。依据全国人民的共同诉求，九届全国人大二次会议将邓小平理论和“依法治国”写入宪法，标志着邓小平理论和“依法治国”成为国家治理过程中的共同意志。

就现代国家而言，“法治”相较于“人治”更具有稳定性，从国家治理长久发展过程来看，法治更具有生命力。在新的历史条件之下，将依法治国作为国家治理的基本方略，不仅体现了我们党在国家治理能力、执政能力方面有了重大

---

〔1〕 刘田原、邓华晖：《邓小平法制思想：马克思主义法学理论中国化的里程碑——写在改革开放四十周年之际》，载《攀登》2018 年第 6 期。

〔2〕 邓小平：《邓小平文选》（第 2 卷），人民出版社 1994 年版，第 146 页。

的发展,而且是我们党在政治上更加成熟的表现。马克思、恩格斯认为社会主义的特征是拥有发达的生产力,因此,发展始终应当是社会主义建设的中心,发展才是社会进步赖以生存的基础。市场经济同法治一样并不是资本主义国家所独有的事物,在法治环境之下的市场经济同样是社会主义国家的事物。

"法治理念是法治建设的灵魂,一个完整的法治状态既要有法律制度的建构和执行,也要有法治理念的确立和指导。"[1]正义是法律追求的基本价值之一,关于正义的问题也是在理论上被讨论最多的。在社会中的人是主体,是社会发展的目的,所以在社会中的人得到应有的平等对待就是正义最为直接的体现,而只有社会各方面的利益得到协调,才能够最终实现社会的公平正义。党在十六届六中全会通过的"以人为本"构建社会主义和谐社会的制度目标,即是此种理念的体现。根据马克思主义的观点,人是具体的、现实存在的人,并不是历史中虚构的人,在历史的长河中的人具有不同的内涵,而奴隶社会、封建社会、资本主义社会中的人都具有工具化的特征。只有社会主义新时代的人才具有主体性地位,这是因为我们党立足于"以人为本"的思想,其本质就是以最广大人民的利益为出发点和立足点。只有坚持"以人为本",社会主义法治理念才能融入国家治理之中,才能真正实现社会主义法治。

二、党的十八大以来中国特色社会主义法治理论的创新发展

党的十八大以来,以习近平同志为核心的党中央,精准把握中国所处时代条件和发展阶段,针对主要矛盾,紧紧围绕人民群众在新时代的社会需求,坚持依法执政,坚持在宪法和法律的范围内活动,不断地在理论和实践中进行否定之否定,围绕建设社会主义法治国家,形成了一系列符合时代要求的极具创新性的重要论述,并在党的十九大上正式发展成为习近平法治思想,既为中国特色社会主义法治建设传承了思想、丰富了新的理论成果,又为社会主义法治的实践建设提供了具体理论指导。

习近平法治思想实际上可溯源至"法治浙江"的建设。为贯彻落实党中央和谐社会构建的基本要求,中共浙江省委总结依法治省的实践经验,在全国率先启动地方法治建设的顶层设计,于 2006 年通过中共浙江省委《关于建设"法治浙江"的决定》,提出了关于经济、政治、文化与社会建设领域的 30 多项具体

---

〔1〕 李继辉:《胡锦涛和谐法治观探析》,载《理论观察》2013 年第 6 期。

工作。《关于建设“法治浙江”的决定》将“法治浙江”建设的总体要求具体化为:“以依法治国为核心内容,以执法为民为本质要求,以公平正义为价值追求,以服务大局为重要使命,以党的领导为根本保证,在浙江全面建设小康社会和社会主义现代化建设进程中,通过扎实有效的工作,不断提高经济、政治、文化和社会各个领域的法治化水平,加快建设社会主义民主更加完善、社会主义法制更加完备、依法治国基本方略得到全面落实、人民政治经济和文化权益得到切实尊重和保障的法治社会,使我省法治建设工作整体上走在全国前列。”党的十八大以来,为实现民族复兴,以如何建设社会主义、如何发展社会主义为中心,以习近平同志为核心的党中央勇于探索、不断创新,结合新时代的客观实践要求,实质上从两个维度对中国特色社会主义法治理论进行了提升,并在党的十九大上最终形成了马克思主义法治理论中国化的最新成果——习近平法治思想。

第一,法治中国的理论维度。关于法制或法治的建设问题,自新中国成立以来,我们经历了从革命法制到以建设和改革为主题的社会主义法制,再到社会主义法治的不同阶段。而在社会主义法治阶段内部,同样存在层次性。依法治国基本方略是在20世纪90年代党的十五大提出的,它的提出一定意义上表明了“社会主义法治”对“社会主义法制”的替代。党的十六大“全面落实依法治国基本方略”,则是将社会主义法治从道路、理念的正当性推向了具体的政治和法律实践。而十八届三中全会审议通过的《中共中央关于全面深化改革若干重大问题的决定》以“法治中国”概念对“全面依法治国”进行了又一次的升华,事实上对中国特色社会主义法治进行了新的理论定位。实际也自此时起,习近平关于社会主义法治的思考,从地方实践走向国家实践,其理论也走向更加成熟。在此基础上,十八届四中全会进一步通过《中共中央关于全面推进依法治国若干重大问题的决定》,“法治中国”和“全面推进依法治国”作为建构社会主义法治的基本命题开始共同发挥理论的指导作用,前者解读了法治建设的国家、社会建构以及全球法治的中国参与问题,后者则致力于法治的具体实践问题。2014年12月习近平总书记在江苏调研时,进一步将全面推进依法治国提高到“四个全面”战略布局的高度。

第二,国家治理的理论维度。从本质上来看,法治和国家治理问题本来是不同领域的两个不同问题。法治关注的是国家社会建设发展中法律的地位、作用,以及法律运行中所蕴含的现代民主、自由人权等理念的实现问题;而国家治理关注的是国家在管理经济、社会和文化建设过程中的技术手段、方法和策略问题。二者的碰撞缘起于各自内在价值理念在现代化过程中的耦合，同时这种内在一致性与治理手段逐渐向法律聚焦而不断加强，最终国家治理的法治化获得融合。2013 年，十八届三中全会提出，“全面深化改革的总目标是完善和发展中国特色社会主义制度，推进国家治理体系和治理能力现代化”。随后，党的十九大对中国特色社会主义所处的历史阶段，作出“新时代”的科学判断，同时还指出新时代、新阶段我国社会主要矛盾发生了新变化，为应对这种历史变迁，国家治理的现代化和法治化需要充分融合。2019 年，十九届四中全会审议通过《中共中央关于坚持和完善中国特色社会主义制度 推进国家治理体系和治理能力现代化若干重大问题的决定》。2021 年，《法治中国建设规划（2020—2025 年）》公布实施。2022 年，党的二十大继续提出，我们要坚持走中国特色社会主义法治道路，建设中国特色社会主义法治体系、建设社会主义法治国家，围绕保障和促进社会公平正义，坚持依法治国、依法执政、依法行政共同推进，坚持法治国家、法治政府、法治社会一体建设，全面推进科学立法、严格执法、公正司法、全民守法，全面推进国家各方面工作法治化。新时代新的历史时期，法治被置于“国家治理体系和治理能力现代化”这一战略框架之下，法治中国应以国家治理体系和治理能力现代化为目标并服务于国家治理，而国家治理也离不开法治中国的强力保障。

第二节　地方法治的理论

一、央地关系理论

（一）央地关系的历史演进

改革开放以来，央地关系主要以政府与市场、政府与社会的关系变革为基础，以维护国家统一和民族团结、促进经济发展和社会稳定为目标，以推进社会主义民主法治建设为方向。自党的十九大以来，中国特色社会主义进入新时代，我国社会的主要矛盾转化为人民日益增长的美好生活需要和不平衡不充分的发展之间的矛盾，央地关系的改革必须以“五位一体”和“四个全面”为战略布局，通过理顺央地关系推进国家治理体系和治理能力现代化发展目标。

改革开放 40 多年来，我国央地关系的历史演进主要以“改革”作为关键词。

1992 年党的十四大明确经济体制改革的目标是建立社会主义市场经济体制；2012 年，党的十八大提出全面深化改革的任务。这两项重大改革举措将 40 余年来的央地关系划分为三个阶段。[1]

第一阶段："放权让利"（1978—1991 年）。基于改革开放以前实行高度集中的计划经济体制，这给国家实行统一治理、统一安排提供了便利，但在这种情况下难以调动地方积极性。于是，这一时期的央地关系主要在于赋予地方治理权。1979 年，全国人大通过了《地方各级人民代表大会和地方各级人民政府组织法》，赋予地方各级人民代表大会和地方各级人民政府进行地方立法的权力。随后，又赋予经济特区、沿海开放城市和经济开发区相应的权力，以经济为导向的分权替代行政性分权，在一定程度上调动了地方的积极性。

第二阶段："建立社会主义市场经济"（1992—2011 年）。1992 年，党的十四大明确提出"建立社会主义市场经济体制"，市场起基础性作用，同时加强国家的宏观调控。也就是说，明确市场和政府的地位，以市场为导向，减少政府的行政干预，使"看不见的手"和"看得见的手"共同起作用。同时，也要打破地方政府各自为政的经济发展模式，减少地方保护主义壁垒，中央政府要适时承担起宏观调控的职责，应对市场经济带来的区域发展不平衡不充分的问题。

第三阶段："全面深化改革"（2012 年至今）。十八届三中全会明确提出，全面深化改革的总目标是完善和发展中国特色社会主义制度，推进国家治理体系和治理能力现代化。这一时期央地关系的改革主线是推进央地关系法治化，明确地方立法权限和范围，依法赋予设区的市地方立法权，推进各级政府事权规范化、法律化，完善央地事权法律制度。随后在 2018 年的国家机构改革中，赋予省级及以下机构更多自主权，允许地方根据本地区实际发展经济，在宪法、法律范围内因地制宜地设置机构和配置职能。

从改革开放 40 多年来央地关系的演进可以发现中央与地方关系改革的基本原则：第一，坚持党中央集中统一领导，维护党的领导核心地位。面对我国发展不平衡、地区特殊性较强的现实国情，加强党中央集中统一领导，维护党中央权威是央地关系改革的根本。第二，赋予地方一定的社会管理权限，调动地方积极性，提高地方社会治理能力。地方法治建设是地方结合实际进行制度创新、制度竞争的产物，有利于实际解决地方现实问题。第三，调整央地财政关

---

〔1〕　参见张斌：《央地关系的演进脉络》，载《人民论坛》2018 年第 33 期。

系,赋予地方一定财权。从调动地方积极性的财政包干制到分税制改革,再到以公共服务为目标的转移支付,央地关系随着财政体制改革的变化而发生巨大变化。第四,加强中央与地方的法治化建设。从立法权而言,将立法权逐步赋予省级、设区的市等;从财权而言,赋予地方一定的财政自主权,提高地方社会治理能力,从而使央地关系逐步制度化、法治化,推进国家治理现代化。

(二)央地关系的理论范式

1. 压力型治理模式

压力型治理模式是指上级政府为了实现经济赶超,完成上级下达的各种指标而采取数量化任务分解的管理方式和物质化的评价体系。[1] 这种模式主要强调财政激励和晋升激励,给予地方政府财政压力和人事压力。一般而言,地方政府创新有三大动力:官员的评价考核和提拔任用制度、官员个体的职业操守和价值追求以及面对紧迫事件必须创新。[2] 并且,在大多数政府评价或评级体系中,上级政府为了让下级政府在压力下高效率完成任务,往往会采取绝对的"一票否决"制。在这种情况下,地方政府为了实现地方经济政治指标和经济量就会不断加大各种目标性投入,而忽略地方公民的实质性需求,从而尽快谋取可能的财政收入或者政治晋升。结果,在实践中,地方政府容易以国内生产总值(以下简称 GDP)增长为导向,在压力型模式下忽视制度性约束而导致权力寻租和腐败问题。[3]

2. 行政发包制模式

社会学学者周黎安认为,行政发包制与"政治锦标赛"构成了中国传统行政治理体制的两个基本维度,体现了纵向的行政发包与横向的官场竞争的高度统一。行政发包制是将行政事务层层发包,依赖地方政府自筹资金的财政分成和预算包干,以结果导向为特征的考核和检查的一种行政治理模式,包括行政权分配、经济激励和考核控制三个方面。同时,地方政府间围绕区域经济发展绩效而进行的"政治锦标赛"模式也是理解中央治理与经济增长的关键因素。它

---

〔1〕 参见周尚君:《地方法治竞争范式及其制度约束》,载《中国法学》2017 年第 3 期。

〔2〕 参见杨雪冬:《过去 10 年的中国地方政府改革——基于中国地方政府创新奖的评价》,载《公共管理学报》2011 年第 1 期。

〔3〕 参见周尚君:《地方法治竞争范式及其制度约束》,载《中国法学》2017 年第 3 期。

以“人事权”的集中为前提，是处于同一级别的政府官员为了获得政治晋升而相互竞争。在中国的行政语境下，中央政府作为发包方具有正式权威和剩余控制权，但作为承包方的地方政府实际上享有大量自由裁量权和控制权，与韦伯意义上的现代官僚体制形成对比；在财权方面，承包方即地方政府需要自筹资金，具有财政分成或预算包干色彩；承包方面临发包方的问责与考核，这就使承包方以结果为导向，而忽略程序和法理的约束。[1] 此外，中央政府对人事权的控制以及“政治锦标赛”的运用刺激了地方官员的晋升激励，他们更关心晋升和仕途。因此，中国地方官员治理的核心要素就是地方分成、逐级发包、财政分成、晋升竞争，接近于市场的行政发包制。但也有学者质疑，当下地方官员在晋升驱动下，更为关注的是“不折腾”而非积极创新的竞争。在法理型统治的背景下，中央更为依靠技术性和程序化的标准来选拔晋升官员。[2]

3. 一统体制与有效治理模式

周雪光教授提出，中国国家治理的一个深刻矛盾即是中央一统体制与地方有效治理。[3] 其表现为中央管辖权与地方治理权之间的紧张与不兼容：前者趋向于权力、资源向上集中，削弱了地方解决实际问题的能力；后者又各行其是，容易偏离中央主线，对一统体制的中央核心产生威胁。这一深刻矛盾难以永久性解决，只能寻求暂时平衡。因此，央地关系主要体现在三个应对机制上，包括决策一统性与执行灵活性之间的动态关系、政治教化的礼仪化以及运动型治理机制。而央地关系也就是一种决策一统性与执行灵活性之间的松散关联状态，中央引导地方发展，地方政府会根据地方实际，通过非正式制度、变通等方式予以灵活应对，这就可能导致地方政府治理偏离中央目标主线。于是，中央不得不启动运动型治理机制来纠偏，将权力上收，集中管理。而这样一来又会导致地方治理积极性不高，削弱地方政府解决实际问题的能力，于是，中央又不得不将权力、资源下放以调动地方积极性。也就是说，央地关系存在集中与放权、中央名与实的周期性角色转变。面对此种深刻矛盾，需要一个长时期的历史转型

---

〔1〕 参见周黎安：《转型中的地方政府：官员激励与治理》，格致出版社、上海人民出版社2008年版，第18页。

〔2〕 参见李晟：《“地方法治竞争”的可能性 关于晋升锦标赛理论的经验反思与法理学分析》，载《中外法学》2014年第5期。

〔3〕 参见周雪光：《中国国家治理的制度逻辑：一个组织学研究》，生活·读书·新知三联书店2017年版，第50页。

过程,这仍依赖于政治体制改革与法治化建设。

4. 项目制模式

折晓叶、陈婴婴认为,项目制是在分税制条件下,在财权集中的体制下,财政转移支付采用项目制的方式在行政层级体制之外灵活处理。[1] 周飞舟认为,分税制改革之后,各种财政资金开始以"专享"和"项目"的方式向下分配,并逐渐成为主要的财政支出手段。[2] 项目制是社会发展过程中的自然产物,为了改变因财政分权而造成的结构性矛盾,自1994年起,中央政府开启了税收和财政体制改革,通过分权,极大地提高了国家整体税收的汲取能力,从而强化了财政集中和再分配能力。同时,21世纪前后,以公共服务为核心的新型治理体系开始推进,如何将行政建设法治化、规范化、技术化成为核心议题,要求理性化的目标管理和过程控制。而项目制恰好符合这种意义上的治理精神,通过立项、申报、审核、监管、验收、评估和奖惩等一系列理性程序,增强专项资金的使用效果。[3] 从而项目制成为中央管理和监督地方政府的一种新型模式,客观形成了"中央自上而下的控制逻辑"与"地方自下而上的反控制逻辑"两种逻辑共同存在的局面。

除以上四种央地关系理论范式之外,还有钱颖一提出的"中国特色的财政联邦主义"理论;朱光磊提出的"职责同构"现象,上下对口,左右对齐;[4] 曹正汉提出的"中央治官,地方治民"的上下分治的治理体制。[5] 这些都是对改革开放40多年来央地关系、社会治理现状的总结和反思。社会经济变革不是随机偶然产生的,而是随着特定的社会问题和现实条件而发生,在曲折运动中不断调整和扬弃。

二、地方法治竞争理论

(一)地方法治竞争的释义

所谓地方法治竞争,是指各个地方开展法治发展竞赛,争相推进法治进程

---

[1] 参见折晓叶、陈婴婴:《项目制的分级运作机制和治理逻辑——对"项目进村"案例的社会学分析》,载《中国社会科学》2011年第4期。

[2] 参见周飞舟:《财政资金的专项化及其问题——兼论"项目治国"》,载《社会》2012年第1期。

[3] 参见渠敬东:《项目制:一种新的国家治理体制》,载《中国社会科学》2012年第5期。

[4] 转引自周黎安:《转型中的地方政府:官员激励与治理》,格致出版社、上海人民出版社2008年版,第22页。

[5] 参见曹正汉:《中国上下分治的治理体制及其稳定机制》,载《社会学研究》2011年第1期。

这一现象。具体而言,地方法治竞争是指地方通过立法、执法、司法和社会治理活动,以期实现地方制度供给和制度环境的改善,实现地方之间以比较制度优势而胜出的竞争范式。这主要表现在自1999年《宪法》确定了“中华人民共和国实行依法治国,建设社会主义法治国家”这一治国方略,各个地方相继出现了“依法治省”“依法治市”“依法治县”等提法。2013年国家首次提出了“法治中国”,于是又出现了“法治某省”“法治某市”“法治某县”的表述。不管是不是与法律有关,都要挂上“依法”或“法治”二字。这种由地方首提的表述而逐渐形成的地方法治现象,几乎成为地方法治理论尤其是地方竞争理论的最佳诠释。〔1〕不可否认,当前关于资源、土地、环境等恶性竞争造成的现实困境使地方不得不采取更加文明、科学的方式,通过制度性举措来实现地方有效治理,增强地方法治化进程。柯武刚和史漫飞以制度经济学重构了地方竞争学说,认为被动的甚至是主动的制度调整是竞争获益的必然选择。〔2〕制度竞争失败的一方可能会承担人口迁出或资源外流的风险。汪伟全将地方竞争类型分为“资源竞争模式”和“制度竞争模式”。〔3〕就目前而言,我国现阶段出现的各种法治提法,实则为一种制度性竞争。法治作为一种制度性概念,是指公权力必须在法律框架内行为,同时法律能为人们的行为提供合理预期。自《宪法》和《立法法》赋予了不同等级的地方政府不同权力限度,社会治理、司法和执法等多个领域都在地方性法规中有所体现。地方政府除执行性立法和配套性立法之外,还根据地方实际创制立法,产生了立法上的“先行先试”。〔4〕这种创造性立法不仅解决了地方现实困难,还为国家制度建设提供了地方经验,杜绝制度不适用造成制度真空。

(二)地方法治竞争的缘由

地方作为国家的代理人为民众提供基本公共服务和公共产品,可以吸引外来特色资源,推动地方发展。在激烈的地方竞争面前,各地不得不竭尽全力吸

---

〔1〕参见付子堂、张善根:《地方法治实践的动力机制及其反思》,载《浙江大学学报(人文社会科学版)》2016年第4期。

〔2〕参见[德]柯武刚、史漫飞:《制度经济学》,韩朝华译,商务印书馆2000年版,第490页。

〔3〕参见汪伟全:《地方政府竞争模式选择:制度竞争胜于资源竞争》,载《现代经济探讨》2010年第4期。

〔4〕参见周尚君:《国家建设视角下的地方法治试验》,载《法商研究》2013年第1期。

引国内外优势资源来与其他地方竞争，而这种竞争已经由传统的人口、基础设施、政策优惠转向法治、制度竞争。这是一种高级阶段的竞争模式，这种竞争不仅迎合了中央的法治目标，还推动了地方的发展需求。地方法治竞争是通过规范性手段完善严格执法、公正司法，以促进地方发展，使地方的法治水平处于其他省市前列。那么，地方政府为什么要通过法治建设来自我革命、约束权力呢？地方法治竞争的动力源在哪里？

1. 外生动力：中央对地方的政治激励

在中国的政治体制下，中央对地方的管理和监督呈现出以下几个特征：第一，央地关系紧张甚至不兼容，中央对地方的管理和控制程度较为严格。第二，中央在要求地方贯彻其目标的过程中，制定了不同的激励机制或奖惩机制，形成了中央对地方控制与反控制逻辑。第三，中央的人事控制权导致了地方的"政治锦标赛"现象。这种锦标赛激励成为地方政府行为逻辑的重要因素。按照曹正汉的观点，我国是上下分治的治理体制，"中央治官，地方治民"。[1] 中央拥有选拔、监督、奖惩官员的权力，而地方在不违背中央大政方针的前提下，可以因地制宜地行使治民权，灵活处理地方管辖区内的事务。中央对地方的治官权是通过对地方治民权的考核来实现的。不同时期的考核目标不一致，必然会导致地方之间的相互竞争，以期赢得"晋升锦标赛"的胜利。全国的省、市、县、乡，只要是同一行政级别，该地方官员就会处在"政治锦标赛"中。中央的考核至关重要，地方竞争随着中央对地方的政治激励而不断演变，从之前的为了GDP增长的竞争到现在的法治竞争，皆是为了迎合中央的考核，这是地方法治竞争的外生动力。虽然有人质疑"政治锦标赛"的动力理论，认为"晋升锦标赛"并不构成主要激励，甚至认为地方经济发展与本地官员晋升并不存在正相关关系，[2] 但这并不否认法治竞争的存在，在地方法治的建设过程中，围绕经济建设、民生问题、社会发展等方面进行的制度设计和发展纲要，都存在相互模仿、竞相推进的趋势。而在中国的政治体制下，中央对地方的考核主要还是在地方对民众的治理层面，以期实现对地方的控制。这样一来，地方法治竞争也是地方竞争的一种，是中央对地方政治考核与激励的重要指标。

---

[1] 曹正汉：《中国上下分治的治理体制及其稳定机制》，载《社会学研究》2011年第1期。

[2] 参见李晟：《"地方法治竞争"的可能性　关于晋升锦标赛理论的经验反思与法理学分析》，载《中外法学》2014年第5期。

2. 内生驱动:地方掌握主动权

第一,招商引资需要法治环境作为前提条件。在我国"财权上收、事权下放"的大背景下,地方政府的财政收入不能仅仅依靠国家的转移支付,更为重要的是吸引外资、开办企业,增加税源和税收。而对于企业而言,税收、土地、地方的行政效率、社会治安、司法环境会影响企业的投资成本。[1] 某些地方由于其投资环境、法治环境、社会环境较差,导致该地方的外资引进显著下滑,进而引起地方性的收入锐减,从而,这倒逼该地方政府出台和规范招商引资的制度文件,以改善投资环境,降低投资成本。在很大程度上,只有那些行政机关权力运行规范、机制运转协调、程序公开透明、公务人员廉洁高效的地方才会成为投资者的首选。

第二,地方法治竞争有利于地方掌握主动权。全面深化改革意味着破除非正式规则的运行,通过正式制度、正式规则实现治理。之前的竞争主要是以生产要素投入的原始竞争,表现为政府提供一些优惠政策等。而随着法治国家的推进以及新发展理念的现实需求,地方不得不出台一些长期性、稳定性、可预期性的法律规定和制度,从而使地方在竞争中掌握主动权。然而,各个地方的经济发展水平、社会环境、知识差异较大,同时各地面临的具体情况不一,对自身制度建设的理解也不一样,这就导致地方法治很难"一起走",而只能"分步走"。但不管怎样,在现代法治社会中,保护产权、促进市场有序、独立的司法程序和高效的行政执法是各个地方法治建设的核心要素,谁在这些要素中取得成功,谁就能在法治竞争中掌握主动权,走在地方前列。

(三)地方法治竞争的问题

地方法治竞争是新时期地方之间进行竞争的新型模式,它包括纵向法治竞争和横向法治竞争。纵向法治竞争,即在国家法制统一前提下,通过放权试错等方式,实现立法、行政和司法权的优化配置;横向法治竞争,即地方根据地方比较优势,以立法、司法、执法的方式建立正向激励结构以实现区位优势与制度建构的良性互动。[2] 但是,从我国的现实国情来看,地方法治竞争仍存在诸多问题。

---

〔1〕 参见万江:《中国的地方法治建设竞争》,载《中外法学》2013 年第 4 期。

〔2〕 参见周尚君:《地方法治竞争范式及其制度约束》,载《中国法学》2017 年第 3 期。

1. 受制于制度约束

(1)央地关系的法治化缺位。一直以来,中央与地方的关系长期处于"集中与放权""一放就乱,一收则死"的治乱循环中,央地关系的法治化缺位。中央与地方、上下级之间的职权范围不明确,尤其是事权与支出责任的划分导致央地关系处于被动局面。十八届四中全会明确提出,让行政权力在法律和制度的框架内运行。将"可视性较差"的事权,如社会治理、社区、公共交通等划分为地方事权,而将"可视性较高"的事权,如环境治理、城市市容、医疗、土地管理、社保等划分为共同事权,这就导致在地方竞争行为中,地方会选择有利于本地经济发展的激励,而忽视一些重要性事权。

(2)统一司法权治理体制缺失。司法审判权是以国家名义行使司法权的活动,只能由司法机关来行使,其他任何组织和个人都不能具有此项权利。司法权作为中央事权,必须体现审判的独立性、中立性和终局性。建立一个强有力的国家司法体系对于统一全国市场竞争极其重要,有利于打破地方之间的贸易壁垒,克服过度中央集中而减弱地方发展的动力;同时也能克服地方决策行为的短期性、主观性和地方司法保护主义,对良性的地方法治竞争产生积极作用。

(3)地方权力机关对地方公共政策的制定和实施缺乏实质性影响,监督性和约束力不强,地方政府仍然存在权力寻租的现象。

2. 局限于地方现实

(1)地方法治竞争理论的缺陷。地方法治主要是在国家法治整体主义之内,根据地方实际来探讨地方法治的实践路径、动力来源以及合法性基础。因此,国家整体法治建设虽然依靠各个地方的法治化予以实现,但法治发展的主要动力仍然在于国家;推行地方法治,其主要理由,不仅在于其能提高治理效率,维护社会和谐稳定,还在于其能分担国家法治建构中的风险,降低法治实践成本,最重要的是能得到中央对地方自主性和利益的接受与认可。但问题在于,尽管赋予了地方自主性,但最后的落脚点仍在国家策略上,取决于国家推进法治力量的强弱及其在晋升考核中的权重。其本质在于倒逼地方政府法治转型,引导地方法治建设必须与国家法治目标相一致。在这种意义上,地方法治没有自身的合法性基础,其独立价值没有得到理论诠释。

(2)地方法治的激励不足。一般而言,地方法治建设的动力主要是应对中央的目标,缺乏对地方治理之需的有效激励,缺乏地方性法治实践。究其原因在于地方法治建设与国家法治同构,无法有效回应法律与社会的张力。[1] 具体表现在地方在推进法治建设过程中,缺乏地方性立场,采取与国家一致的组织模式、建设内容和评估方式。中央的各项文件、指示和决议,层层下发到地方。地方法治竞争,并非地方发挥主动性、积极性、创新性的竞争,而是与党中央保持一致的竞争。正如周雪光所言,一统体制的两个基本维系机制是官僚机制和一统观念制度,其中的一统观念制度就是在形式上认同与归顺中央权威。[2] 通过获得上级或中央的认可,地方才能以更高的权威姿态推进和落实相关制度。这其中最大的问题在于忽略了地方的基层社会自身,没有切实为地方的法治服务,有立法的动机而没有立法的实质意义,产生许多僵尸条款,难以符合中国社会的法治需求。

(3)地方法治的地方保护主义明显。在地方法治竞争过程中,地方除与党中央保持一致外,还有地方政府自身的行为逻辑,即除在形式上与中央保持一致外,在具体的实践中,地方会有策略地选择有利于自身的决策和行为,对自己有利的就积极推进和执行,对自己不利的则消极抵制。这样一来,地方法治建设仅仅有"形式之美",而无"实质内涵"。有些地方甚至以国家名义、法治名义,变相攫取地方利益和部门利益,使自身利益最大化,导致地方法治建设容易偏离中央政策,造成公民对法治、中央权威的质疑。地方法治竞争,一方面是地方规避政治风险的策略,另一方面使地方官员获得晋升机会。但现实情况是,地方在推进法治建设的过程中,并非满足于执行法治化的功能,以地方法治建设推动国家整体法治,而是陷入晋升竞争的"锦标赛"中。结果,地方法治的建设和发展与地方保护主义紧紧结合,其建设目标脱离了法治本身,而转向关注削弱法治对中央经济和社会建设等评价指标体系要素的影响力。比如,地方政府影响司法审判,以保护对自身有利的一方;不少地方政府对投资者予以特殊待遇,如车辆不检查,开车违法不罚款不扣证,种种举措严重违背了法治的根本。

(4)地方法治竞争实际上是以法治思维和法治方式推进地方依法改革,克服改革过程中的随意性和任意性,使地方从初级的 GDP 竞争转化为制度优化

[1] 参见付子堂、张善根:《地方法治建设及其评估机制探析》,载《中国社会科学》2014 年第 11 期。

[2] 参见周雪光:《中国国家治理的制度逻辑:一个组织学研究》,生活·读书·新知三联书店 2017 年版,第 50 页。

的法治竞争。但是,在法治竞争中,地方恶性竞争和机会主义倾向严重。地方作为竞争参与者不仅要做有利于地方本身发展的事务,还可能会做不利于竞争对手的事务。尤其是在两个地方的交界地带,不管其资源是否丰富、经济条件是否优越,其都难以成为重点发展对象。因为地处交界地带,难以说清楚这是谁的政绩或这是谁的问题,更谈不上合作发展,这就会导致竞争转变为恶性竞争。

三、国家与社会关系理论

(一)国家与社会的二元对立

国家与市民社会的二元对立思维范式,使一部分人高扬市民社会的价值而贬低国家的作用,认为市民社会是民主与自由。事实上,通过西方的民主实践发现,抽象的个体权利——自由、平等,往往与现实中的不平等、不自由形成巨大反差,个体权利仅仅靠单个人是无法实现的。因此,问题的关键在于如何处理国家与社会的关系、政治公共体与市民社会的关系。

国家与社会的二元关系可以划分为三个阶段:在古典民主时期,个体以参与共同体生活为天职,形成社会国家化;在市民社会时期,个人成为独立个体,个人先于共同体而存在;[1]而到了社会主义民主时期,从社会人出发,超越国家与社会的二元对立,强调人的创造性、社会性。在马克思看来,市民社会是不平等的场域,资产阶级对自由、民主的追求仅仅是市民社会的成员的权利,人没有成为自由的人,而是沦为异己力量的奴隶,陷入金钱拜物教的桎梏中。因此,要想实现真正的民主制,个体必须独立于社会,又走向社会。个人应重塑普罗米修斯的精神,通过实践创造客观世界,在社会中不断完善自己,实现自己的无限可能,走向自由人的联合体。在此,个人的自由意志的联合是现代政治合法性的基础,国家的统治权力不是来自天赋,而是国家的所有平等主体通过"同意"或"授权"的方式,赋予国家以权力,要求国家保护个人权利,同时防范和约束国家权力。

---

〔1〕 参见陈毅:《"三维结构"建构中国民主:基于马克思主义的国家与社会关系》,载《新视野》2019年第2期。

(二)国家与社会的双向建构

就中国具体语境而言,十八届四中全会提出,“坚持依法治国、依法执政、依法行政共同推进,坚持法治国家、法治政府、法治社会一体建设”,这样法治社会就被纳入了国家法治建设的整体框架。国家与社会的关系就成为必须面对的问题,而作为社会组成基本单元的“地方”在国家法治体系的建设中地位更加突出。有学者提出,如果国家比较脆弱,其就会导致社会中出现“碎片化社会控制”,这种弱国家与碎片化的社会控制会相互强化,形成恶性循环。[1] 而如果国家比较强势,则其会形成权贵阶层以“公共利益”攫取社会底层利益,以强权来控制社会,侵犯民众权利,这样就容易缺乏社会认同而丧失合法性基础,导致国家局势动荡。如何处理国家与社会的关系,已成为当下政治变革的一个重要议题。有学者提出,通过共享共建的“包容性制度”来重建国家与社会的关系。[2] 有学者认为,中国是一个政府主导与公民自主相结合的双向自主建构模式。[3] 但他们基本认同国家与社会应平衡合作,良性互动。因此,在国家法治建设的过程中,不仅需要国家主导,加强科学的法治顶层设计,更需要培育多元健康的地方法治社会,建立国家与地方、官方与民间互动平衡、双向构建的法治秩序。[4] 在国家统一法治的框架下,加强民间组织和民间治理的研究,展现多元分权机制和自治秩序,以非正式手段解决社会纠纷;发掘更多的社会品格和市民精神,培育公民参与民主政治的能力和法治观念,形成民间力量对国家法治建设的舆论影响力,有效实现社会监督机制,以期促进法治建设从单向的国家走向国家与地方社会的双向构建,创造一种“以社会管社会”的民间组织建设方式,试图实现制衡国家权力、保障社会权利的有效路径和机制。

同时,在观念和实践层面,国家与社会的关系可衍生为社会法治国与自由法治国的关系、法治观念与私法精神的关系。社会法治国不同于自由法治国,国家不仅是法律秩序的维护者,同时也是社会秩序的形成者。法治建设的一个

---

〔1〕 参见[美]乔尔·S.米格代尔:《强社会与弱国家:第三世界的国家社会关系及国家能力》,张长东等译,江苏人民出版社2009年版,第289页。

〔2〕 参见马长山:《法治社会研究的现状与前景——基于国家与社会关系视角的考察》,载《法治现代化研究》2017年第1期。

〔3〕 参见蒯正明:《改革开放三十年来中国公民社会研究述评》,载《甘肃理论学刊》2008年第4期。

〔4〕 参见马长山:《国家“构建主义”法治的误区与出路》,载《法学评论》2016年第4期。

核心就是公平与正义，社会正义的形成，不仅需要国家与地方的法律制度建设，更需要税法作为调节贫富差距的主要工具。在此意义上，国家享有财政的立法权力，地方就应根据地方特征而严格实施，但这并不意味着地方可以干预社会自治。

（三）地方法治是法治中国建设的必由之路

法治中国建设作为巩固党的执政地位、确保国家长治久安的根本保障，必须通过自上而下的指导和自下而上的遵守来落实，不仅需要中央对法治中国的统一把握，还需要地方政府的积极配合和落实。在这个层面上，地方法治是法治中国的必由之路，是勇于尝试和探索的有益之路。

法治中国的进程伴随着"法治湖南""法治江苏""法治山西""法治广东"等决议的出台而不断发展，这种"地方法治试验"现象，主要有以下理论解释：(1)国家试错策略理论，强调试错是中国法治发展的基本经验，中央采取先试点探索后逐步跟进的策略，如"法治某省""法治某市""法治某县"的提法都是在国家的驱动下根据国家战略向地方层层推进。(2)制度竞争理论，强调地方政府提升当地法治发展水平，吸引外商，加强资本流动，发展地方经济。(3)法治先行理论，强调经济发展水平高的地区更容易引发纠纷，对法律、法治提出的要求更高。东部地区的经济发展水平高于西部地区，率先进行了区域法治化。如"法治江苏""法治广东"等。但是，也有学着提出这些理论的不足之处，例如，国家试错策略理论过于简单地理解了中央与地方的关系，地方并非完全地执行中央意志，而是存在一定的自主性和自我意志，地方法治建设存在流于形式和表面化的情况；制度竞争理论则忽视了国家整体主义体制的存在，对中央法治的捍卫意味着地方法治存在和运作空间的缩小，法治工具主义的色彩依旧浓厚，很大程度上难以达到制度竞争理论所主张的优化投资环境的目的。

虽然这几种理论解释存在或多或少的缺陷，但不可否认，地方法治建设在法治中国的进程中扮演了极为重要的角色，地方法治是法治中国的必由之路。第一，地方是法治国家的承载体，没有地方法治就没有国家法治。"法治某省""法治某市""法治某县"建设都是在国家的推动下按照国家的战略政策逐步向地方推进。在法治中国的建设过程中，通过地方带头先行先试，为国家整体推进法治建设，实现法治中国提供了示范性样本。这是一个自下而上的以地方法治促进法治中国建设的逻辑。第二，在国家法制统一的指导下，地方法治规范了地方政府的立法、行政、司法行为。这主要表现在:立法更加程序化、科学化、民主化,更加满足本地人的需求和利益;地方行政效率提高,以法律和制度促行政,切实遵守政府以人民为中心、为人民服务的宗旨;地方积极探索地方司法制度,创新司法理念,努力让人民群众在每一个司法案件中都感受到公平正义。也就是说,通过国家的官僚组织结构和组织行为,将法治中国的战略部署层层推进到地方,由地方政府贯彻和落实。这是一个站在国家整体主义的视角将法治中国的策略贯彻到各级地方的自上而下的逻辑。第三,地方法治极大促进了地方经济的发展,完善了产权保护机制,为法治中国奠定了夯实的物质基础。就目前而言,东部地区的经济发展水平明显高于中西部地区,“法治××”的提法也最先由经济发达城市提出,通过加强地方法治建设、优化社会治安、提高政府工作效率、改进司法等手段来提升当地法治发展水平,从而吸引外商和资本,提升地方经济活力,提高国家的整体经济水平。

(四)地方法治是实现国家治理体系和治理能力现代化的必由之路

国家治理体系和治理能力是一个国家制度和制度执行能力的集中体现。国家治理体系凸显的是在中国共产党的领导下,国家的制度体系,包括经济、政治、文化、社会、生态文明、党的建设等多个领域的体制机制、法律法规的安排,它是一整套相互协调、紧密联系的国家制度;国家治理能力则是运用国家制度管理社会各方面事务的能力,包括改革发展稳定、内政外交国防等方面。二者是相辅相成的有机整体,有了良好的国家治理体系才能真正提高国家的治理能力,只有提高国家的治理能力才能充分发挥国家治理体系的功能。而作为治理体系核心内容的法治,其是国家治理体系和治理能力现代化的制度保障、程序机制,对国家社会治理的整体现代化具有根本性、全局性、长远性的作用。

因此,在国家法制统一的前提下,地方政府积极开展地方法治建设,不仅是法治中国建设的必由之路,更是实现国家治理体系和治理能力现代化的必由之路。必须从我国实际出发,将地方法治建设同推进国家治理体系和治理能力现代化相适应,突出实践特色、地方特色、中国特色。

一方面,地方法治从地方实际出发,突出地方特色,有利于地方有效治理。曹正汉提出“中国上下分治的治理体制”,即中央治官,地方治民。也就是说,中央政府将治理地方民众的权力交由地方行使,中央在基层主要是“象征性的”,而非实际管理控制,中央主要掌握人事权和资源管辖权,执掌选拔、监督和奖惩官员的权力。这样就使地方法治试验有两方面的作用:第一,地方法治建设有助于从实际出发,因地制宜,准确把握地方的现实情况和民众需求,积极探索解决地方问题的便捷途径,实现地方政府的有效治理;第二,倘若地方法治试验失败,其损害的范围有限,而不会影响中央的权威,对此地方法治失败的经验教训,中央还可以做进一步的调整和改动。在此过程中,地方法治试验充当了连接中央和民众的纽带,不仅可以实现有效治理,还能贯彻中央旨意,推进国家治理体系和治理能力现代化。

另一方面,通过技术治理与指标管理将法治中国的目标进行细化与拆分,将纲领性的文件转化为可实现的技术治理方案。通过对2004年国务院发布的《全面推进依法行政实施纲要》的研究,全国各级省市政府根据自身的特色与实际,将该纲要所表达的内容和精神进行细化和拆分,将其转化为与地方实际情况相适应的、可操作的技术治理方案。上级政府把目标和任务细化、拆分,进而分配给下级政府,下级政府根据上级的指标层层下派到下级组织或个人,并在规定的时间内保质保量地完成。这类似于周黎安所说的"行政发包制",行政事务的层层发包和发包体制提高了行政效率和政府职能。相对于"一刀切"的不切实际的操作,这种地方法治的探索显得更为有效、便捷,易于实现。这样一来,地方法治不仅完成了上级政府的要求和目标,对中央负责,也回应了百姓的现实需求,体现了以人民为中心的宗旨。在推进地方法治试验的同时,其也推进了国家治理体系和治理能力现代化的发展。

四、地方法治是法律运行环节

党的十九大报告提出,全面建成小康社会,实现人民对美好生活的需求。人民对美好生活的需求包括经济、政治、文化、社会、生态多个层面,不仅包括物质性"硬需求",还包括民主、法治、公平、正义等非物质性"软需求"。[1] 地方是国家治理的实施主体,是全面依法治国的重要动力。[2] 地方法治是法律运行的重要环节,地方法治理论的具体实践包括科学立法、严格执法、公正司法、法治社会以及法治文化建设。

---

〔1〕 参见张永和:《法治、人民与美好生活》,载《现代法学》2018年第1期。

〔2〕 参见周尚君:《如何有序推进地方法治竞争》,载《人民法治》2016年第6期。

(一)科学立法

中国古代法学家管仲、商鞅、韩非都强调依法治国,“缘法而治”“刑罚面前人人平等”。正是在此基础上,中国历代王朝都强调法的系统性和完整性。新中国成立以后,极为重视立法工作,中国特色社会主义法律体系已经建成,国家治理的方方面面都在法律的范围内进行。但是,在法治建设的实践过程中,有的地方法规不能全面反映人民的现实需求,立法的针对性、可操作性不强,地方立法部门存在各自为政、争权推诿的现象。因此,地方法治建设的首要问题就是加强立法工作,促进地方遵守宪法和法律,因地制宜,发挥地方主动性和积极性,赋予地方相关事项的自治权,保证科学立法,依法立法。只有承认和尊重地方在部分领域所拥有的信息优势和自治的客观性,才能构建出有效的制度,才能使法律成为“活法”而发挥其应有的治理功能。因此,随着地方立法权的扩容,中央赋予设区的市在环境保护、历史文化建设、城乡建设与管理等事项上的地方性法规制定权以及地方政府规章制定权,使地方在具体事项上有法可依,通过实现制度优化来加强地方法治建设。

(二)严格执法

党的十九大报告提出,“建设法治政府,推进依法行政,严格规范公正文明执法”。但一直以来,人民群众对行政机关执法问题颇为诟病。有法不依、执法不严、违法不究现象严重,执法体制权责脱节、多头执法、选择性执法现象存在,执法不规范、不严格、不文明,使人民群众对执法不信任、不配合,导致公权力机关与人民群众关系紧张,矛盾升级。法律的生命力在于生动的法治实践,只有在法治的实践中,法律的权威才能够真正确立。行政机关严格执法是为了保障公民权利和自由,但如果地方行政机关不严格执法、依法办事,而是滥用职权,谋求地区利益而违反法律,会严重损害民众对公权力机关的信任。一个不信赖法律的政府,也就不值得民众的信赖,一个不值得民众信赖的政府,也就缺乏政权合法性基础。因此,地方法治建设中极为重要的一环就是严格执法,在执法监督与责任追究方面,坚决纠正以罚代刑的现象,建立健全执法监督机制,严厉追究执法违法行为,健全宪法实施和监督制度,完善行政复议、行政赔偿制度。

（三）公正司法

在司法实践中，群众普遍反映司法不公正和司法腐败现象严重，司法人员徇私枉法、地方政府以权压法现象依然存在。这些问题严重违背了社会主义法治原则，损害了人民群众对司法的公正信赖，有碍于党和国家事业的发展。党的十九大报告提出，“全面落实司法责任制，努力让人民群众在每一个司法案件中感受到公平正义”。司法公正以司法人员的职能活动为载体，地方的审判机关和检察机关是民众保障自身权益的最后一道生命线。司法公正的主体是以法官为主的司法人员，取决于法官的职务活动和检察官的监督职能，而司法公正的对象则是各类案件的当事人及其他诉讼参与人。也就是说，以法官为代表的司法人员在审理各类案件的过程中应当公正、平等、正当地对待当事人及其他诉讼参与人，将公平正义体现在审理案件的过程中和结果中。尤其是在地方法治建设中，应重点加强以下三方面的司法建设：第一，保障司法机关依法独立行使审判权和检察权；第二，遵循公正合法程序；第三，在司法过程中保障当事人的合法权益。[1] 只有地方司法机关成为解决地方纠纷、保障公平正义的坚实防线，人民群众对司法、法治的信赖才会转化为守法的动力。

（四）法治社会

在地方法治化过程中，人们更容易看到通过立法、司法、执法所表现出来的法治化形态，而往往忽视了法治社会对地方法治建设所发挥的重要作用。[2] 法律必须以社会为基础，地方法治建设也必须立足于地方，如果没有良好的社会基础，地方法治的效力将大打折扣。换句话说，地方法治建设必须在党中央统一领导下，加强自下而上的社会建设。首先，社会自治组织建设及其法治化为地方法治建设提供新的活力。党的领导和国家决策固然对地方法治具有主导性作用，但地方社会组织是重要主体，只有培养出充满活力、能承担社会公权力职能的社会组织，才能为地方法治建设提供建设性力量和保护性机制。社会自治组织主要指城乡基层群众性自治组织，由人民群众依法自我管理、自我发展，自己选举村委会成员，制定自己的乡规民约，培育民主意识，保障民主权利。当

---

〔1〕 参见常健：《中国法治建设四十年与人权保障的法治化》，载《人权》2018 年第 2 期。

〔2〕 参见张永和：《法治社会建设促进我国人权法治化保障》，载《人权》2018 年第 1 期。

然，还有其他社会自治组织，包括环境保护组织、少数群体组织等。其次，社会行为规范建设扩宽了地方法治建设的领域和范围。社会行为规范不仅包括国家制定的“硬法”，还包括社会自治规范的“软法”。具体而言，其包括行业规章、团体章程、乡规民约、市民公约等行为规范，为地方法治建设提供强大的力量。最后，社会争议纠纷解决机制多元化提高了地方法治建设能力。纠纷解决机制不仅包括正式机制，还有非正式机制。尤其是非正式机制，如人民调解、社会组织内部协商机制等，丰富了纠纷解决的途径与渠道，提升了地方法治建设的水平，为打造一个良好的法治社会作出了重要贡献。

（五）法治文化建设

所谓社会主义法治文化，即在法治建设过程中取得的各项物质、制度和精神等成果的总和。[1] 物质层面包括法院、检察院、监狱等基础设施建设，制度层面主要指以宪法为核心的社会主义法律体系，精神层面指社会主义法治文化观念，确立对法律的认同。地方法治文化建设不仅要继承中国传统法律文化，还要吸收西方先进法治文化，取其精华，去其糟粕。首先，学习西方经典的法学观念、法律话语体系和制度规定。比如，孟德斯鸠认为，自由是做法律许可的一切事情的权利，要用权利约束权力；卢梭认为，“法律是公意的体现”，社会契约论使人民像服从自己一样自由；康德认为，“人是目的，不是手段”；法律至上，法律面前人人平等，保障人权等法学思想。同时，西方法律体系中宪法、行政法、刑法、民法等具体规定和制度规定，无不体现了人权、自由、平等。其次，面对中国传统法治文化，大力挖掘优秀传统文化的精髓，加强法律宣传和法律普及。尤其是儒家文化中所传达的“仁爱”“善政”“大同”思想为地方法治建设提供了强有力的指导。“仁爱”意味着法治不需要从“上帝”“理性”中去寻找根源，而只需依赖于人的良心或良知；“善政”意味着地方政府必须坚持以德治国、强调民权、滋养民生，为人民的美好生活而服务；“大同”意味着地方法治建设要基于“仁爱”和“善政”而实现一个自由、平等、尊重、和平、幸福的大同世界。同时，也要推动地方政府加强法治宣传，提高民众的守法意识。法治文化不仅是公民文化、平等文化、权利文化，还要加强对权力的约束，健全权力运行规则。只有繁荣法治文化，地方的法治建设才能取得成效，才能推动国家的法治建设。

---

〔1〕 参见何勤华：《谈全面依法治国之四题》，载《现代法学》2018 年第 1 期。

地方法治建设需要进一步确立立法、执法、司法和法治社会、法治文化这几个环节来全面推进法治建设方略。坚持立法为民，明确公权力与私权利的边界，以良法促进发展、保障善治；坚持公正司法，深化司法体制改革，努力让人民群众在每一个司法案件中感受到公平正义；坚持严格执法、规范执法，保护公民权利；推进全民守法，加大普法宣传，建设社会主义法治文化和法治社会。

第二章　国内地方法治建设情况概述

制度文明体现并制约着国家物质文明、精神文明所能达到的最高水平，具有根本性和全局性，它关乎一个国家规则制定、社会治理的能力和程度。建立一套可预期自己行为后果的制度，是社会存在和延续的基础。[1] 制度文明的最大优势在于抑制人际关系中的机会主义行为，而且这种持续性的抑制还会凝聚成共识，形成稳定的社会秩序。而法治则是制度文明的根本体现，是一种文明的现代国家治理模式。它确立了权利与义务、权力与职责、原则与价值，是关乎制度规范、制度实施、制度监督、制度保障的一整套体系。

第一节　法治建设的国家整体实践

纵观自新中国成立以来的法治建设历程，可以将其分为两个时期、五个阶段。从 1949 年至 1997 年是法制建设时期，这一时期的法制建设经历了初步探索、停滞挫折和转折发展阶段；1997 年至今是法治国家建设时期，这一时期分为两个阶段：1997—2012 年是法治理论逐步成形时期，1997 年党的十五大提出“依法治国”，开启法治建设新阶段；2012 年至今，以习近平同志为核心的党中央在全面推进依法治国、加快建设中国特色社会主义法治体系和法治国家的伟大实践中，发展出了独具特色的以习近平新时代中国特色社会主义思想为指导的法治思想，为法治中国建设提供了理论指引。

从“法制”建设到“法治”国家建设，体现了改革开放 40 多年来，中国特色社会主义法治发展的时代特征。第一，从“法制”到“法治”的概念转换。在十一届三中全会之后的普遍概念是“法制”“法制建设”。在党的十五大之后的普遍

〔1〕 参见姜伟：《全面深化改革与全面推进依法治国关系论纲》，载《中国法学》2014 年第 6 期。

概念是“依法治国”“全面依法治国”。两个概念反映了不同的内涵和意义，也反映了党中央对法治的进一步理解。[1] 法制是控制国家和社会的手段，没有民主也可以有法制；法治是政治理想范畴，没有民主就不可能有法治。法制强调秩序，而不一定建立在正当性价值之上，而“法治”体现了实行法治、摒弃“人治”的决心和毅力，意味着法律至上、依法而治、依法治权，不仅要构建完备的法律体系和法律制度，还要树立法律的权威，切实依照法律治理国家和社会。正如亚里士多德所说的“法治应包含两重含义：已成立的法律获得普遍的服从，而大家所服从的法律本身又应该是良好的法律”，[2]既是“良法之治”，又是“守法之治”。第二，从“法制国家”到“法治国家”的转变。改革开放初期，面对无法可依的残局，党中央作出“健全社会主义法制”的决策。在1982年修宪时沿用了“健全社会主义法制”的提法，1996年中共中央将“依法治国，建设社会主义法制国家”作为奋斗目标，并写入《国民经济和社会发展“九五计划”和2010年远景目标纲要》。此后的会议和文件都以“建设社会主义法制国家”为内容和目标。但是在1997年党的十五大报告中，提出了“依法治国，建设社会主义法治国家”，用“法治国家”取代了“法制建设”，2018年宪法修改为“健全社会主义法治”，这不仅是一字之变，更是一次思想解放。尤其是在宪法意义上实现了从“法制”到“法治”的彻底转型，反映出我国社会主义法治建设的历史性发展和进步，为党和国家的事业提供根本性、长期性、全局性的法治保障。

一、法制建设时期（1949—1997年）

（一）第一阶段：初创时期（1949—1956年）

中国共产党领导的人民民主革命既是面向历史与传统的“断裂”，也是对未来与新制的“创新”。在中国近代历史上，真正具有“断裂”性质的革命有三次：一是辛亥革命，推翻了封建帝制，走向民主共和；二是五四新文化运动，标志着旧民主主义革命向新民主主义革命过渡；三是中国共产党领导的人民民主革命，通过它我们走向了人民民主专政。在此革命逻辑下，废除“六法全书”就是当然之举了。1949年2月，中共中央发布指示，正式废除“六法全书”，同时确

---

〔1〕参见张文显：《中国法治40年：历程、轨迹和经验》，载《吉林大学社会科学学报》2018年第5期。

〔2〕［古希腊］亚里士多德：《政治学》，吴寿彭译，商务印书馆1983年版，第167～168页。

立了新的司法原则和改造任务。废除国民党的“六法全书”是新民主主义革命的“废旧法运动”的正式号角，[1]由此拉开了废旧立新的新中国法制建设大幕。从1949年到1956年，中国社会处于极为落后贫困的状态，人们当时期望社会转变，追求法制建设以实现富强。1949年9月在中华人民共和国成立前夕召开的中国人民政治协商会议第一届全体会议，在现代中国立法史中占据十分重要的地位。在立法上通过了《中国人民政治协商会议组织法》《中华人民共和国中央人民政府组织法》，以及起临时宪法作用的《共同纲领》。从立法的角度来说，它以立法的形式同时宣告了新中国的诞生和立法的复兴。[2] 这三部法律文件是我国这一时期的立法基础。[3]

1949年通过的《共同纲领》具有宪法性质，它宣布废除一切压迫人民的法律、法令，制定保护人民的法律、法令。其明确规定：“中华人民共和国的国家政权属于人民。”“国家最高政权机关为全国人民代表大会。”这些带有根本性的问题是宪法与一般法律在内容上的主要区别。[4] 因此，新中国成立初期的一般法律都是根据《共同纲领》来制定的。《共同纲领》虽然只是起到临时宪法的作用，但无论从制定机关，还是民主决议以及规定内容来看，它都具有很强的宪法意义。原《中央人民政府组织法》规定，中央人民政府委员会制定并解释国家的法律，颁布法令。在这一时期，由中央人民政府委员会通过或批准的法律共23件，包括《人民法庭组织通则》《婚姻法》《土地改革法》《中华人民共和国惩治反革命条例》《中华人民共和国惩治贪污条例》《全国人民代表大会及地方各级人民代表大会选举法》（以上法律法规均已失效）等。此外，还颁布了一批法律性文件。[5] 这些法律文件开启了新中国的立法时代，为新中国法制建设奠定了法律基础，也为各项建设提供了初步的法律保障。

1953年3月，中央人民政府委员会通过了《全国人民代表大会及地方各级人民代表大会选举法》，政权建设和法制建设获得新进展，制定宪法的条件日渐

---

〔1〕 参见高全喜、张伟、田飞龙：《现代中国的法治之路》，社会科学文献出版社2012年版，第142页。

〔2〕 参见周旺生：《中国立法五十年（上）——1949—1999年中国立法检视》，载《法制与社会发展》2000年第5期。

〔3〕 参见许崇德：《许崇德全集》（第6卷），中国民主法制出版社2009年版，第1736页。

〔4〕 参见许崇德：《中华人民共和国宪法史》（上卷），福建人民出版社2005年版，第46页。

〔5〕 参见陈斯喜：《新中国立法60年回顾与展望》，载《法治论丛》2010年第2期。

成熟。许崇德教授认为,“新中国成立以来,党中央和人民政府完成了大陆的全面统一,结束了军事行动,完成了土地改革,进行了深入的镇压反革命运动和各种民主改革运动,恢复了国民经济,并从 1953 年起,开始了经济建设的第一个五年计划。共同纲领得到充分实施,实行普选并召开人民代表大会,制定宪法的条件已经完全成熟了”。[1] 随后,中华人民共和国历史和立法史上产生了两大盛举:一是在北京召开了第一届全国人民代表大会第一次会议;二是制定了新中国第一部社会主义类型的宪法。经过各方面的准备工作,1954 年 9 月,第一届全国人民代表大会第一次会议在北京举行,标志着我国人民代表大会制度的正式建立,并通过了新中国第一部宪法。1954 年《宪法》主要“以苏联为师”,受到苏联 1936 年宪法的深刻影响,是一部属于社会主义性质的宪法。[2] “五四宪法”是新中国有史以来第一部人民的宪法,是法治建设时期一个重要的里程碑。它确定了中国民主政治的社会主义方向,构建了人民民主的政治制度框架。[3] 以人民代表大会制度为支点,[4] 赋予并保障人民享有广泛而真实的权利和自由,为民主政治建设和发展提供了借鉴,对维护社会主义制度的稳定发展起到了良好作用。此外,全国人大及其常委会还通过了全国人大组织法、国务院组织法、地方组织法、人民法院组织法、人民检察院组织法等,还批准了一批民族自治条例和单行条例以及法律性文件。1956 年党的八大召开,明确指出,国家必须根据需要,逐步地、系统地制定完备的法律。这一时期,立法上取得了一定成就,全国人大及其常委会通过的法律共计 60 件,表明了党对法制建设的重视。尤其是制定了一部符合中国国情且具有中国特色和富有民主法治精神的宪法,这为构建中国特色法律体系和法律制度奠定了基础。但是作为立法初创的第一阶段,其也存在理论、制度、技术落后的状况。立法理论的落后导致没有形成专门的研究成果和学说,以及科学、系统的立法指导思想和基本原则;中央集中与分权的转变初始导致央地之间立法权限范围不明,存在失职和越权的问题,导致严重的立法制度缺陷;同时,在立法理论落后、立法制度不完

[1] 许崇德:《中华人民共和国宪法史》,福建人民出版社 2005 年版,第 106 ~ 107 页。
[2] 参见高全喜、张伟、田飞龙:《现代中国的法治之路》,社会科学文献出版社 2012 年版,第 143 页。
[3] 参见薛剑符:《五四宪法与中国民主政治模式的构建》,载《东北师大学报(哲学社会科学版)》2010 年第 3 期。
[4] 参见朱福惠:《1954 年宪法的观念体系》,载《当代法学》2004 年第 6 期。

善的情况下,立法技术更显落后。这些问题,不仅在当时值得反思,即使是在今天的立法中也是极具价值的。

(二)第二阶段:停滞时期(1957—1977 年)

从 1957 年反右派斗争扩大化到 1978 年“文化大革命”结束是法制建设的第二阶段,这是中国立法蒙受重大挫折和失败的阶段。1956 年生产资料私有制的社会主义改造基本完成后,中国进入社会主义初级阶段。党的八大作出了关于国家必须系统地、逐步地制定完备的法律的决议。然而,中国的立法并没有朝着光明发展,反而进入停滞后退阶段。在 1959 年至 1978 年将近 20 年的时间里,我国基本上没有进行立法活动,缺少法律规范的社会状态中,甚至愈演愈烈。全国人大常委会只在 1963 年通过了三部法律。[1] 到了 1966 年,全国人大及其常委会的工作基本停止,民主法制遭到严重破坏。直至 1975 年,全国人大才通过了一部“七五宪法”。这一阶段虽然有关于刑法、民法、诉讼法等重要法律的起草工作,但终究未能产生并颁布。国家立法机关的法制建设受到严重削弱,党的八大关于“制定完备法律”的方针没有实现。可以说,这一阶段立法状况不仅没有取得任何进展,反而严重倒退。

(三)第三阶段:转折时期(1978—1997 年)

改革开放的历史进程就是依法治国的历史进程,依法治国的历史进程就是当代中国法治理论的发展进程。[2] 在 1976 年 10 月粉碎“四人帮”后,1978 年 3 月召开了五届全国人大一次会议,通过了中华人民共和国成立后的第三部宪法,以及国务院《关于工人退休退职的暂行办法》、国务院《关于安置老弱病残干部的暂行办法》、《中国人民解放军干部服役条例》(已失效)。随后 1978 年十一届三中全会的召开,终于迎来了新的转折。一方面,十年动乱给人民带来了深重灾难,人民越来越意识到,应当重建国家的法律制度,恢复法律的权威和作用,保障公民的个人权利,使法律制度在社会的方方面面发挥积极地作用;另一方面,十一届三中全会指出:“加强社会主义法制,使民主制度化、法律化,使这

---

〔1〕 参见邓小平:《邓小平文选》(第 3 卷),人民出版社 1994 年版,第 154 页。

〔2〕 参见陈佑武、李步云:《中国法治理论四十年:发展、创新及前景》,载《政治与法律》2018 年第 12 期。

种制度和法律具有稳定性、连续性和权威性，做到有法可依，有法必依，执法必严，违法必究。”邓小平在这次会议上明确指出：“必须使民主制度化、法律化，使这种制度和法律不因领导人的改变而改变。”[1]由此，中国的法制建设有了新的开始，修改宪法、制定法律，使法制建设走向恢复重建、持续发展、形成中国特色社会主义法律体系的康庄大道。

在党中央的领导下，仅1979年五届全国人大二次会议就通过了《全国人民代表大会和地方各级人民代表大会选举法》《地方各级人民代表大会和地方各级人民政府组织法》《刑事诉讼法》《刑法》《人民法院组织法》《人民检察院组织法》等7部法律，[2]被法学界称为“一日七法”，并陆续制定了《民法通则》《行政诉讼法》等一大批重要法律，立法成为重要或主要内容。[3] 1980年对林彪、江青反革命集团的审判，是我国民主和法制建设的重要转折，充分体现了依法治国的精神，坚决维护了法律权威，贯彻了民主和法制原则。这一历史性的审判实际上蕴含了司法民主、法律平等众多的现代法治精神和崭新理念。1982年，第五届全国人大第五次会议通过了全面修改的《宪法》，推动了社会主义法治国家建设进程，奠定了国家治理的正当性基础，有力地促进了中国社会的快速发展。[4] 1986年，邓小平同志说，搞四个现代化建设，必须一手抓建设，一手抓法制，尤其是把法制建设放在重要位置。[5] 由此，在1982年《宪法》的指导下，我国制定了一系列基本的、重要的法律，以及国务院制定的行政法规和地方制定的地方性法规和规章，社会生活的主要方面在不同程度上实现了有法可依。可以说，法治建设在1982年《宪法》中得到了权威性的重申与规划，成为改革开放法治建设的正当性与合法性基础，其法治启蒙意义远远大于其具体的制度化实施的意义。随着部门法的增多，一个以宪法为核心，以民商法、刑法、行政法、经济法、程序法等基本法为骨干，包括其他法在内的较为完整的法律体系形成了。尤其是1992年党的十四大召开，确立了建立社会主义市场经济体制的目标，并修改宪法，以根本法的形式确定了社会主义市场经济的地位。中央

---

〔1〕 邓小平：《邓小平文选》（第2卷），人民出版社1994年版，第146页。

〔2〕 参见刘松山：《国家立法三十年的回顾与展望》，载《中国法学》2009年第1期。

〔3〕 参见周叶中、伊士国：《中国特色社会主义法律体系的发展与回顾——改革开放30年中国立法检视》，载《法学论坛》2008年第4期。

〔4〕 参见韩大元：《宪法实施与中国社会治理模式的转型》，载《中国法学》2012年第4期。

〔5〕 参见王汉斌：《社会主义民主法制文集》，中国民主法制出版社2012年版，第193页。

和地方立法皆以改革开放为重点，法制建设与经济建设和经济体制改革相适应。先后制定了《海商法》《产品质量法》《反不正当竞争法》等多部保障社会主义市场经济的法律。在这一阶段所制定的法律、行政法规中，经济建设的法律占有较大比重。

加强法制建设的首要核心是要“有法”，即有法可依。有了法律，全国人民就会循章办事，预期自己的行为，合法处理社会关系；有了法律，凡是违背宪法和法律的人就会受到严厉约束和制裁；有了法律，人民就能享有充分的民主，就能团结起来，稳定地搞建设。从 1978 年至 1997 年改革开放近 20 年的成果以法律形式予以规定，借助法律的稳定性、规范性、权威性，确认宪法权威以进行改革，通过授权立法和法律及时地立、改、废、释，发挥法律的引领、推动功能，以法律促改革，实现改革决策与法制建设相统一。但是，这一阶段的法制建设绝不是简单地披上法律的外衣，也不意味着法律数量的增加，更不能片面强调法律的强制性，而是要有一种制度性妥协。经过多重理由择优处理的法律性决定再通过反馈机制可以升华为一般规范。[1] 以法律制度贯穿社会与政治生活，使社会趋于理性、循序、守法的纠纷解决之道，提炼出全体公民和平共处的可能性。这一时期是法制建设的快速发展时期，同时也是当代中国法治理论的早期酝酿阶段。没有 1978 年改革开放、没有立法工作的稳步发展、没有依法治国的早期实践，就谈不上法治国家建设的理论酝酿。

二、法治国家建设时期(1997 年至今)

我国的法治理论，也是伴随着“依法治国”在党和国家一系列重要文件中得到确立而成形的。“依法治国”成为党领导人民管理国家和社会事务、管理经济和文化事业的基本治国方略。从“法制”到“法治”的历史性转变，标志着建设社会主义法治国家成为治国理政的发展目标，我国进入法治国家建设的新阶段。

(一)第一阶段：法治理论形成时期(1997—2012 年)

1997 年 9 月，党的十五大报告明确提出，“健全社会主义法制，依法治国，建设社会主义法治国家”，即广大人民群众在党的领导下，依照宪法和法律规定，

---

〔1〕 参见季卫东：《当前法制建设的几个关键问题》，载《中国法学》1993 年第 5 期。

管理国家各项事务，保证各项工作都依法进行，逐步实现社会主义民主的制度化、法律化。这是中国共产党首次将依法治国提升到治国方略的战略高度，这是一种与中国古代的“以礼治国”“以德治国”“以人治国”完全不同的法治方略。它是党治国理政的基本方略，是发展社会主义市场经济的客观要求，是社会文明进步的重要标志，是国家长治久安的重要保证。1999年3月15日，九届全国人大二次会议通过《宪法修正案》，将“依法治国，建设社会主义法治国家”庄严地纳入宪法，使建设社会主义法治国家从党的政策主张正式上升为国家意志。“依法治国”不再仅仅是学理概念或政治概念，而是具有宪法意义的法律概念，成为法治国家建设的核心要义。2002年，党的十六大进一步将“依法治国，建设社会主义法治国家”上升到政治文明的范畴。把民主、法治、人权的建设内容独立出来，成为与物质文明、精神文明并列的一种文明形态，摆脱了法律工具主义的旧思维，确立了法律的至上权威，公民、国家、团体必须依法行事。对于公民而言，“法无禁止皆可为”；对于公权力而言，“法无授权不可为”。依法治国表明法律介入社会生活的广泛性，并在社会生活中享有最高权威。2007年，党的十七大号召“全面落实依法治国基本方略，加快建设社会主义法治国家”。2012年，党的十八大强调“全面推进依法治国”，并进一步表述为“科学立法、严格执法、公正司法、全民守法”。

依法治国的本质是依照法律治理国家的治国思想、治国方式和社会秩序、社会状态。[1] 它不仅是一种宏观的治国方略，更是执法机关理性的办事原则、民主的法制模式，以及文明的精神追求和社会状态。从1997年党的十五大提出“依法治国”到2010年，中国特色社会主义法律体系基本形成。包括1部宪法，236部法律，690多件行政法规，8600多件地方性法规。[2] 2011年在十一届全国人大四次会议上，吴邦国委员长庄严宣布：一个立足中国国情和实际、适应改革开放和社会主义现代化建设需要、集中体现党和人民意志的中国特色社会主义法律体系已经形成。这使国家经济建设、政治建设、文化建设、社会建设、生态文明建设的各个方面均有法可依，“五位一体”的战略布局有法治保障。中国特色社会主义法律体系的基本形成，标志着法治理论的成形，是我国依法治

---

〔1〕 参见付子堂主编：《法理学初阶》(第5版)，法律出版社2015年版，第210页。

〔2〕 参见张文显：《中国法治40年：历程、轨迹和经验》，载《吉林大学社会科学学报》2018年第5期。

国、建设社会主义法治国家的重要里程碑。但是,这一阶段的法治建设也表现出作为根本法治的宪法制度和作为具体法治的部门法之间二元并存的状态。[1]一方面,宪法及其制度作为根本法和根本法治,呈现出有限而缓慢的进步,但宪法司法化进程受阻,而政治主义抬头,宪法制度在启蒙价值之外开始寻求制度实现;另一方面,作为具体法治的部门法,在经济中心主义的前提下往往以私法为优先,但改革中的政治社会秩序重整与合法性重塑的任务又必须依靠公法的崛起。以经济社会为中心的任务被社会政治改革取代,具体法治由私法转向公法。从具体法治到根本法治,从私法优先到公法与私法并存发展,改革的法治国家建设之路正在形成。

(二)第二阶段:全面依法治国时期(2012 年至今)

党的十八大以来,中国特色社会主义进入新时代,中国法治亦跨入新时代。以习近平同志为核心的党中央在全面推进依法治国、加快建设中国特色社会主义法治体系和社会主义法治国家的伟大实践中,创造性地发展了中国特色社会主义法治理论,创立了独具特色的习近平法治思想。这不仅是法律制度的改革,更是中国特色社会主义制度的自我完善,为法治中国建设提供了理论指引。2012 年 11 月,党的十八大报告提出"全面推进依法治国",这是全面推进依法治国的开端,"要推进科学立法、严格执法、公正司法、全民守法","保证有法必依、执法必严、违法必究"。这些表述更加明确了法治的内容,提高了法治的质量。2012 年 12 月,习近平总书记指出,全面推进依法治国,"必须全面贯彻实施宪法","坚持依法治国、依法执政、依法行政共同推进,坚持法治国家、法治政府、法治社会一体建设"。[2] 这为全面推进依法治国确立了思路。2013 年 11 月,十八届三中全会提出"建设法治中国",必须深化司法体制改革,建设社会主义司法制度,维护人民权益。同时要维护宪法法律权威,深化行政执法体制改革,健全司法权力运行机制以及人权司法保障制度。"法治中国"的提出为全面依法治国指明了方向。2017 年 10 月,党的十九大提出新时代全面推进依法治国总目标是建设中国特色社会主义法治体系、建设社会主义

---

〔1〕 参见高全喜、张伟、田飞龙:《现代中国的法治之路》,社会科学文献出版社 2012 年版,第 204 页。

〔2〕 习近平:《习近平谈治国理政》,外文出版社 2014 年版,第 142 页。

法治国家，指出全面依法治国是中国特色社会主义的本质要求和重要保障，并要求“加强人权法治保障”，强调必须把党的领导贯彻落实到依法治国的全过程。

全面依法治国包括以下几个方面：第一，全面建成小康社会，贯彻法治“新十六字方针”。党的十八大提出实现全面建设小康社会宏伟目标作出全面部署，其中就包括“法治小康”，即在法治领域就是要将依法治国方略全面落实，法治政府基本建成，司法公信力明显提高，人权法治化保障落实，将法治“新十六字方针”贯彻到国家工作的方方面面。党的十八大提出“全面推进依法治国”，“要推进科学立法、严格执法、公正司法、全民守法”。它体现了依法治国的新布局，为全面建成小康社会、全面依法治国基本方略的形成奠定了理论和实践基础。科学立法是前提，严格执法是关键，公正司法是重点，全民守法是基础。第二，建设中国特色社会主义法治体系。2014 年 10 月召开的十八届四中全会是首次以法治为主体的中央全会，通过了《中共中央关于全面推进依法治国若干重大问题的决定》。它是第一部对法治建设的根本性、全局性、长远性和前瞻性问题作出全面部署的纲领性文件，提出全面依法治国的总目标是建设中国特色社会主义法治体系，建设社会主义法治国家、即在中国共产党的领导下，坚持中国特色社会主义制度，贯彻中国特色社会主义法治理论，形成完备的法律规范体系、高效的法治实施体系、严密的法治监督体系、有力的法治保障体系，形成完善的党内法规体系。建设中国特色社会主义法治体系是全面依法治国的核心要义，具有纲举目张的作用。第三，全面依法治国。党的十八大之后，习近平总书记在完善经济建设、政治建设、文化建设、社会建设、生态文明建设“五位一体”的总体布局之后，又提出了“四个全面”的战略布局。全面建成小康社会是战略目标，全面深化改革、全面依法治国、全面从严治党是三大战略举措，对于实现全面建成小康社会战略目标一个都不能缺。全面依法治国更是我们重大战略布局逐步实现的根本保障，我们要努力做到“四个全面”相互促进、相辅相成、相得益彰。十八届三中全会还对全面深化改革作出了顶层设计，而全面依法治国则是可靠保障。“没有坚定的制度自信就不可能有全面深化改革的勇气，同样，离开不断改革，制度自信也不可能彻底、不可能久远。”[1]经济的发展、文化的繁荣、社会的公正和美好生活环境的建设，都离不开法治的引领和规

〔1〕 习近平：《习近平谈治国理政》，外文出版社 2014 年版，第 106 页。

范作用。十八届四中全会审议通过的《中共中央关于全面推进依法治国若干重大问题的决定》对新时代社会主义法治建设作出了战略部署。十八届四中全会以后,"全面依法治国"作为"四个全面"之一成为标准概念,标志着我国法治建设站在了新的历史起点上。2017 年党的十九大召开,明确了从当时到 2020 年、从 2020 年到 2035 年、从 2035 年到 21 世纪中叶的法治建设目标,为法治国家建设指明了方向和路径。党的十九大把"坚持全面依法治国"上升为新时代坚持和发展中国特色社会主义的基本方略,提升了法治在推进国家治理体系和治理能力现代化、建设社会主义现代化强国中的基础性、支撑性、引领性作用。

改革有两种形式:一是制度改革,由一种制度向另一种制度转变,即法律制度的改革,包括对法律进行立、改、废、释工作,如中国古代的商鞅变法,王安石变法,日本近代的明治维新;二是体制改革,即在宪法和法律范围内进行社会主义制度的自我完善,一切改革要于法有据。[1] 中国法治的生成,主要从两个相互关联的维度完成结构性准备:一是"立国",围绕现代民族国家建构的主权建构;二是"新民",围绕个体解放与自觉的公民建构。面对民族整体性生存危机的压力,这一双重性建构呈现出一定的先后顺序,总体上是"立国"先于"新民"。在"立国"上,确立具体法治,使国家的每一个法律规则都能够不受制于政治权力,使法的统治落到实处和具体环节中,落实到每一个司法诉讼和案件中。稳固国家政权合法性基础,以法治开启中国社会新的转型,重启政治体制改革。在"新民"上,不仅确立了法律权利体系以保护市民社会,还通过将道德理性转变为法律上的权利与义务安排,建构生活伦理的法权立场,重建中国社会的道德自信。法治以规范性、制度性的身份加入公共社会生活的建构过程中来。[2] 将国家的合法性基础和治国方略,人与人的关系、人与社会的关系纳入法律权利体系建设,不仅指明了一种抽象性的法律体制,也培养了一种公民德性、国家善政。

新中国法治建设的 70 多年历程表明,从法制的变革到法治国家的建设,是国家治理的一场深刻革命,即彻底实现从专制政治到民主政治、从"人治"到"法治"的革命、完成没有完成的历史遗留任务。既然法律是治国之重器,良法是善

---

〔1〕 参见李龙:《改革开放 40 年中国法理学的历史回顾与战略谋划》,载《社会科学战线》2018 年第 5 期。

〔2〕 参见曹正汉:《中国上下分治的治理体制及其稳定机制》,载《社会学研究》2011 年第 1 期。

治之前提，那就要以革命的勇气和思维，大刀阔斧地推进法治领域的改革，坚决破除一切妨碍依法执政、依法治国、依法行政、依法治军、依法办事的体制机制弊端和思想观念。大力解决立法不良、执法不严、司法不公、权力腐败、监督无力、人权保障不足等突出问题，实现从法律体系到法治体系、从义务本位到权利本位的飞跃，以良法促进发展、保障善治，以法治改革推进法治中国建设。把全面依法治国纳入“四个全面”战略布局，将其与提升国家治理体系和治理能力现代化紧密相连，为法治国家建设注入了强大动力，彰显出国家顶层社会的政治引领作用，确保党中央对依法治国、建设社会主义法治国家的统一领导。法治国家建设固然需要党中央加强统一领导和顶层设计，但更需要地方政府的鼎力支持和认真贯彻。在法治国家的建设过程中，地方、基层应该扮演什么样的角色，发挥什么样的作用？地方政府如何结合地方实际情况有效落实依法治国基本方略和实施宪法法律，推动法治中国的建立？这些都是值得关注的问题。

第二节　地方法治的发展状况

关于地方法治的概念，有学者认为，地方法治具有动态和静态两种意义，动态意义上指由于区域发展不平衡，一些地区率先或提前实现法治目标的过程，静态意义上指在保证国家法治同一性的前提下，地方法治呈现出特殊性状态。[1] 也有学者辨析，地方法治是在依法治国、法治国家的总体框架下，在宪法、法律规定的权限内创制和实施地方性法规和规章的法治建设活动和达到的法治状态。[2] 正如有学者所说，“地方法制”的概念，是指各级地方在国家法治原则的统一指导下，在对地方实施宪法、法律的各种问题过程中，形成的规则与制度的总和。[3] 关于是否使用“地方法治”这一概念，有学者认为，要重视地方法制建设，对于地方而言，法治国家的任务更多地体现为对保障宪法法律实施的各种具体制度建设。必须依靠地方层面的具体制度建设才能实现中央的法

---

〔1〕 参见陈柳裕、王坤、汪江连：《论地方法治的可能性——以“法治浙江”战略为例》，载《浙江社会科学》2006 年第 2 期。

〔2〕 参见李燕霞：《地方法治概念辨析》，载《社会科学战线》2006 年第 6 期。

〔3〕 参见葛洪义：《我国地方法制研究中的若干问题》，载《法律科学（西北政法大学学报）》2011 年第 1 期。

治国家建设,有法制地方才会有法治国家。[1] 更有学者提出,是否存在“法律地理学”的命题,法治区域化发展的可能性,以及地方法治是不是也存在“先后”的问题?[2]反对者可能会认为,地方法治有可能破坏整体的法治行政区域化,破坏法律体系的完整统一性,走向地方法治割据。[3] 也有人认为,法治是精神和原则的总称,是在中央层面确立法治建设,在地方层面则重在通过各种具体制度不断推进宪法和法律的实施,而法制是法律制度的总称,应该以“地方法制”代替“地方法治”。[4] 可以说,我国法学界对“何为地方法治的概念”以及“是否能够使用‘地方法治’这一概念”至今存疑。

法制作为一种公共规则系统,是指涉一个国家、一定时期“当下”的法律,不考虑所谓的“良法”与“恶法”的价值评价问题。而法治作为一种治理逻辑,并不仅是一套自上而下的对“地方法制”做价值评判的国家制度体系,还表征着人们对公平、正义、人权、平等、自由等价值的追求;也并非只能通过国家行为予以实施,而是“治和理”两个方面,是国家与地方社会的良性互动。地方法治化是为了更好地协调地方与国家的关系。法律是用来定分止争,解决社会生活中的实际问题的。法律纠纷所产生的时间、地点、当事人是具体的,发生在基层社会中。虽然国家才是法治建设的主体,但地方可能是更为重要的法治建设主体,它推动法治发展的方针和策略、解决社会现实问题的行为完全可归纳为法治国家建设。[5]

就国家而言,法治是一种宏观的治国方略,即国家选择以法律为主的手段进行社会控制;就个人而言,法治是一种理性的办事原则,即任何人和组织的社会性活动均受到既定法律规则的约束;就政治而言,法治是一种民主的法制模式,要求政治民主化,使法律最大限度地发挥作用;就精神层次而言,法治是一种文明的精神追求,表现为一整套关于权利、权力、义务、职责问题的原则、观念、价值体系,包括法律至上、权力制约、权利本位、平等适用、程序正当等;就社会而言,法治是一种理性的社会状态,即在法律管束国家权力之后,使政府权利

[1] 参见葛洪义:《法治国家与地方法制》,载《法学》2009 年第 12 期。

[2] 参见孙笑侠:《局部法治的地域资源——转型期“先行法治化”现象解读》,载《法学》2009 年第 12 期。

[3] 参见李燕霞:《地方法治概念辨析》,载《社会科学战线》2006 年第 6 期。

[4] 参见葛洪义:《法治国家与地方法制》,载《法学》2009 年第 12 期。

[5] 参见周尚君:《国家建设视角下的地方法治试验》,载《法商研究》2013 年第 1 期。

和公民权利得到合理配置的社会状态。因此,法治中国建设的精神体现在以下几对关系中:一是法律与国家的关系,要以法律约束国家权力,保证国家权力在阳光下运行;二是法律与人民的关系,法治要“以人民为中心”,要运用法律合理地分配利益,保障公民权利和利益;三是法律与社会的关系,要运用法律稳定社会秩序,确保社会公共利益不受侵犯。从这些关系中发现,法治国家建设是一个多层次、全方位、立体的概念,需要在多个方面同时推动法治建设。在这一过程中,地方法治就显得尤为重要,加强地方法治建设才可能走向真正的法治国家。

一、地方法治发展的必要性和可行性

有学者认为,法治中国有三个问题需要研究和探索:一是法治中国依靠什么作为动力;二是法治中国的内涵应该包含哪几个板块;三是法治中国的观念问题。[1] 同样,随着“地方法治”概念的逐渐兴起,仍需面对这三个问题:第一,地方法治的动力是来自国家自上而下的推动,还是来自地方自下而上的探索?应当说,地方法治的发展既包括国家的推动,也有地方民间的推动以及职业共同体的推动。第二,地方法治是从中央与地方的关系来划分,而不是从中国现实问题来提炼重点。第三,法治观念冲突的问题,地方法治化应既合乎目的,又合乎法律。地方法治发展模式可分为自上而下的政府主导性模式和自下而上的社会力量主导性模式,但是就地方法治建设的实践而言,我国的地方法治采取的不是纯粹自上而下或自下而上的模式,也并非二者简单的结合,而是自上而下模式主导下的两种模式相结合。[2]

(一)地方法治发展的必要性

1. 地方是法治建设的重要主体

地方政府和人民是社会规则和制度创新的主体力量,地方法治在国家法治格局中处于中心地位。20 世纪 70 年代末 80 年代初的农村联产承包责任制、商品流通体制改革、企业落实经营自主权,[3] 这一系列改革都来源于地方和基层

---

〔1〕 参见孙笑侠:《“法治中国”的三个问题》,载《法制与社会发展》2013 年第 5 期。

〔2〕 参见倪斐:《地方先行法治化的基本路径及其法理限度》,载《法学研究》2013 年第 5 期。

〔3〕 参见葛洪义:《中国的地方治理与法治发展》,载《政法论丛》2019 年第 2 期。

自发的改革创新,结合本地实际,大胆尝试,然后由中央政府总结成功经验加以推广。只有立足于地方的规则制度创新实践,广泛汲取地方行之有效的规则,国家立法才有生命力。同时,地方也是公平正义裁判者、矛盾纠纷的解决者。法治国家建设的一个重要任务就是解决社会矛盾,维护社会稳定。我国的绝大部分纠纷都是在地方发生,在地方解决。地方法院承担了几乎全部的诉讼纠纷,而非诉讼纠纷则是由地方政府通过信访办、仲裁委员会、行政调解、人民调解等解决机制予以化解,还存在家族调解、自愿协商等非正式解决机制。国家一直强调,"努力让人民群众在每一个司法案件中感受到公平正义"。但公平正义的实现还得取决于地方司法机关和行政机关,法律资源的分配和纠纷解决需要地方司法机关和行政机关相互配合,公正司法、严格执法,才能实现法律的公平正义,展现法治的魅力。可以说,地方是法治建设的重要主体,其解决纠纷的能力和水平是显而易见的,同时兼顾效率和质量,也直接决定着国家解决实际问题的能力和效果,从而影响整个国家的政治稳定和社会秩序。

2. 地方法治是法治中国的突破口

国家整体主义法治观的问题视角,以中央与地方关系为基本框架。一直以来,中央与地方的关系都是政治体制所着力解决的核心问题之一。[1] 在处理央地关系问题上,中央都会给予地方适度的分权,在一定程度上承认地方享有自治区。这表明了国家需要地方的支持,国家治理对地方有很深的依赖,以及国家治理有很大的盲区和国家权力的有限性。央地关系一直处在"名与实""集中与分权"的循环关系中。毛泽东同志曾提出"在巩固中央统一领导的前提下,扩大一点地方权力,给地方更多的独立性"。[2] 改革开放40多年来,我国法治建设都在试图发挥地方的主动性和积极性。通过简政放权,加强中央宏观调控,激活地方的微观治理,以推进国家治理体系和治理能力现代化。也就是说,法治中国建设,秉持"摸着石头过河"的基本思路,强调"试验性"和"过程性"。它体现了国家顶层设计的科学性,以及对国家法治发展的整体把握,但更需要地方的"先行先试"。"先行先试"可以为国家的发展建设寻求突破口,为中国的法治模式贡献地方经验,而且通过加强地方法治的顶层设计,能有效缓解地方之间的差异性,确保法治中国的整体推进。因此,要将国家法治建立在传统文

---

〔1〕 参见钱穆:《中国历代政治得失》,生活·读书·新知三联书店2011年版,第1页。
〔2〕 毛泽东:《毛泽东文集》(第7卷),人民出版社1999年版,第31页。

化基础、社会基础和制度基础之上。这就需要地方自主性的良好诠释，充分发挥地方主动性和积极性，实现国家与地方的良性互动。

3. 地方法治是法治中国的内在需求

其实，地方法治就其概念而言，有两层意思：地方在落实依法治国方略、执行国家法律层面走在前面；在地方立法权限内创制和实施解决地方特殊事项的规则。[1] 类似于“法治浙江”“法治广东”这样的提法，也充分表达了地方法治的两层内涵：一方面，坚持国家法治统一原则，支持国家法治决策的科学性。以民主完善、人权保障、法律至上、法制完备、司法公正、权力制约、依法行政和权利本位为基本，[2] 核心即是在国家的法治框架下，规范公权力，保护私权利，在地方严格推行法治建设。另一方面，坚持地方特殊性原则。法律与社会发展呈正相关关系，社会经济发展水平越高，法律发展水平就越高。我国是一个地方差异性明显、发展不平衡的后发展中国家，这种差异性和地方性导致我国无法同步实行法治，社会经济发展水平严重影响法治的发展水平。众所周知，东部地区经济发达，地方法治化程度较高，发展较快，中部相对次之，西部城市最低。各地方的差异性和不平衡性，导致各地方法治发展的先后快慢不一致。中国的法律体系变迁也随着地方经济的发展而呈现出不再由国家单一主导，而是由国家、社会、市场、民众共同推进的新局面。[3] 地方法治不再是单单落实国家法治建设，更是地方在逐步推进法治过程中，根据地方实际情况以及民众的现实需求，在不违背国家法治统一原则的情况下，寻找法治发展的自我实现之路。地方法治的发展既是法治中国的内在需求，也是地方发展的实际需要。

（二）地方法治发展的可行性

地方法治不仅不会导致“法治割裂”“法治碎片化”，相反，地方法治是全面推进依法治国，建设法治国家的基本方略。地方法治建设不仅是必要的，更是具有现实可行性。

---

〔1〕 参见李燕霞：《地方法治概念辨析》，载《社会科学战线》2006 年第 6 期。

〔2〕 参见卓泽渊：《法治国家论》，法律出版社 2004 年版，第 41 ~ 65 页。

〔3〕 参见程金华、李学尧：《法律变迁的结构性制约——国家、市场与社会互动中的中国律师职业》，载《中国社会科学》2012 年第 7 期。

1. 制度依据

"治权"作为一级政府在自身的事权和财权范围内自主行使职权的权力,包括两个方面:事权和职权。事权主要针对具体事项,由中央事权和地方事权组成,在"上面千条线,下面一根针"的局面下,划定事权范围,有利于不同层级政府有针对性地提供公共物品和公共服务,管辖公共事务;职权主要是指权力的表现形态,包括立法权、司法权和行政权等。新中国成立以来的宪法、法律中有关地方事权和职权的规定,以及党中央的重要指示和文件,为地方法治提供了制度依据。从江苏的法治化实践来看,2004 年《法治江苏建设纲要》提出,到 2020 年,基本实现江苏政治生活、经济生活、社会生活的法治化,这与国家的总体法治化时间相一致。随后,2012 年江苏省委、省政府出台《关于深化法治江苏建设的意见》,提出到 2015 年建成"全国法治建设先导区"的目标。这是由于当时胡锦涛总书记对江苏工作提出了新要求,其中就有对江苏法治化先行的要求。同时,江苏省委、省政府加强对法治建设地位的认识,要求把"率先全面建成小康社会,率先基本实现现代化"列入法治建设中,使"两个率先"本身成为法治建设的目标本身。从湖南的法治化实践来看,推行全国性的行政程序立法是我国行政法制的重要目标之一,[1] 由于各种原因,全国性的行政程序法只纳入立法计划,而没有具体启动。湖南开程序型法治先河,为行政程序法治化提供了一份地方经验。2010 年,湖南省委作出建设"法治湖南"的决策,随后相继出台了《湖南省规范行政裁量权办法》(2010 年)、《法治湖南建设纲要》(2011 年),形成了独具特色的"法治湖南"发展模式的雏形。同理,"法治广东"也发挥了改革开放"窗口"和"试验田"的作用。1979 年,中共中央要求广东省尽快制定必要的经济法令、条例和规章制度。因此,广东省的地方性法规总量、法律服务机构数和律师数都居全国前列。2011 年,广东省委通过了《法治广东建设五年规划(2011—2015 年)》,掀起"法治广东"建设的新高潮。根据我国地方法治试验的这三种类型,我们发现,这三个地方的法治建设的决策主要来自中央的支持。中央对地方先行法治予以首肯,鼓励试错,支持地方在坚持国家法治统一原则下,结合自身特色和地方实际,不盲目照搬,在法治建设中推陈出新,为国家适时调整法治战略布局提供宝贵经验。

---

[1] 参见王万华:《统一行政程序立法的破冰之举——解读〈湖南省行政程序规定〉》,载《行政法学研究》2008 年第 3 期。

2. 社会基础

目前,中国特色社会主义法律体系已经形成,在这样的条件下,只有依法改革、依法治理,才是真正有效的改革和治理方式,这就必须用法治思维和法治方式去突破。[1] 在国家治理体系框架和体制运行条件下,地方政府必须以改革试验的方式推进共识以解决具体实践问题,必须坚持强有力的发展目标和合法合理的法治检验标准。也就是说,地方法治的可行性不仅来自中央的顶层设计和制度支持,还需要地方不断发挥主动性和积极性。随着我国经济、政治、文化、社会、生态文明建设的提高,我国各地方的制度能力和制度运行水平有了很大提升,这为地方法治提供了强大的社会基础。(1)法律职业阶层的合力推动。法律职业阶层为地方法治建设提供了技术性力量,很多优秀的教授、学者在地方政府部门担任领导职务,在体制内推动地方法治先行。例如,邵建东学者就是政府部门官员,其是"法治江苏"的倡导者和践行者。[2] 再如,2012 年江苏省政府法制办举行《江苏省行政事业性收费管理办法(草案)》的立法辩论会,就邀请了很多法学教授、律师等专家进行讨论,这表明政府部门在建设地方法治的道路上对法律职业阶层有很多的依赖性,需要法学专家团体参与合作。(2)公众是地方法治建设的重要基础。有人认为,中国的法治化运动,其实质就是民间的权利运动。[3] 这一说法有待考证,但民间的权利运动确实在很大程度上推动了法治的进步。例如,2007 年福建省厦门市对海沧半岛计划兴建的对二甲苯(PX)项目所进行的抗议事件,就是一场轰轰烈烈的民权运动。虽然不能视为民众推动法治进步的常态,但在实践中,地方政府确实为民众提供了参与平台,如人民陪审员制度、万人评议机关活动、网络问政等,为民众享有知情权、参与权、表达权、监督权创造了条件和空间。(3)良好的社会组织是主要场所。社会是具有独立意志的,没有足够理论自觉和实践追求的社会,不可能实现善治。[4] 正如迪尔凯姆所言,"沉睡"的社会(社会整合的缺失)和"亢奋"的社会

[1] 参见付子堂:《法制改革三问》,载《人民日报》2014 年 2 月 12 日,第 17 版。

[2] 参见邵建东:《德国"法治国家"理论与实践的经验及教训——兼及对"法治江苏"建设的启示》,载《江海学刊》2005 年第 1 期。

[3] 参见孙笑侠:《拆迁风云中寻找法治动力——论转型期法治建构的主体》,载《东方法学》2010 年第 4 期。

[4] 参见周尚君:《地方法治试验的动力机制与制度前景》,载《中国法学》2014 年第 2 期。

(社会整合的过度)同样危险。[1] 中华人民共和国成立70多年来的艰苦奋斗和积极建设,使我国社会基本上从一个暴力的、非理性的社会走向文明的、理性的社会。在现代社会中,全程贯彻民主协商的思维与方式,创造社区自治平台,使公民在社会中感受到自身权利与义务的均衡性,并像自己管理自己一样自由。例如,在很多地方政府中,已经明确提出"培育和壮大社会组织,提升社会能力",给予良好的社会组织以优先权,扩宽社会组织参政议政渠道,鼓励资质优良的社会组织继续发展。这些都为地方法治提供了坚实的社会基础。(4)经济发达助长社会法治化进程,尤其是长三角经济区完善的市场经济体制,促进了市场经济的大力发展,为地方法治提供了经济基础。市场交易者需要通过法治来保障自身权益,利益的竞争促进全社会规则意识的增强,这使法治发展有了观念基础。宽裕的财政收入可以为地方民众提供制度保障,如浙江省率先颁布了实现城乡一体化的最低生活保障制度。但这也不应过于强调物质因素,经济欠发达地区也无须盲目追随发达地区的脚步,只需积极回应本地民众的现实需求,在法治国家、法治精神的前提下推动本地法治的健康发展。从这个意义上讲,地方法治是具有现实可行性的。

二、地方立法权的发展脉络

(一)地方立法权的法律授予

《宪法》第3条第4款规定:"中央和地方的国家机构职权的划分,遵循在中央的统一领导下,充分发挥地方的主动性、积极性的原则。"虽然我国是单一制国家,但我国法律制度从立法主体、立法内容、立法形式等方面对地方立法权进行扩展和授权,深刻体现了地方在国家治理体系中长期扮演着极其重要的角色。1949年12月政务院通过的《大行政区人民政府委员会组织通则》(已失效)赋予大行政区相当的自主立法权。1952年《民族区域自治实施纲要》(已失效)规定,各民族自治区自治机关都有权制定单行法规。1954年《宪法》规定立法权集中由全国人大专属,没有赋予全国人大常委会、国务院和各级地方立法权,实行中央统一行使立法权的一元化体制。1955年,全国人大作出决议,授权全国人大常委会可根据宪法精神和实际需要,适时制定部分单行法规。1959

---

[1] 参见[法]埃米尔·迪尔凯姆:《自杀论》,冯韵文译,商务印书馆1996年版,第346页。

年，全国人大作出决议，授予全国人大常委会在全国人大闭会期间适时修改法律的权力，但并未改变由全国人大统一行使立法权的现象。1979 年，我国进入改革开放新时期，各级地方对经济活动和社会管理的自主权越来越大。1979 年，五届全国人大二次会议通过了《地方各级人民代表大会和地方各级人民政府组织法》，明确赋予省级人大及其常委会制定地方性法规和省级人民政府制定规章的权力。根据《宪法》《地方各级人民代表大会和地方各级人民政府组织法》《立法法》等相关授权决定，全国已有 31 个省、自治区、直辖市，27 个省会城市和 18 个经国务院批准的设区的市的人大和政府分别享有制定地方性法规和政府规章的权力，以及民族自治地方的人大享有制定民族自治条例和单行条例的权力。可见，在中央与地方立法权的问题上，我国实行相对分权制，呈现出多层次、多样态、不同权限、不同效力的地方立法体制，其本质是在单一制国家内，在中央统一行使立法权体制下的多元立法权分工协调机制。[1]

(二)地方立法权的主体扩展

1. 普通行政区的立法权

早在 1956 年，毛泽东在《论十大关系》中指出："我们的国家和人口这样多，情况很复杂，有中央和地方两个积极性，比只有一个积极性好得多。"[2] 改革开放以来，邓小平充分鼓励和肯定地方要"敢于试验、大胆地试、大胆地闯"，通过持续性放权深入发掘地方的积极性。地方在除国防、外交以外的农林、水利、科教文卫、环境保护、城乡统筹等社会事务中发挥着越来越重要的作用。[3] 普通行政区立法权的范围主要包括：省、自治区、直辖市、设区的市的人大及其常委会有权制定和修改地方性法规；省、自治区、直辖市、设区的市的人民政府有权依法制定和修改地方政府规章；根据全国人大及其常委会和地方人及其大常委会的授权，制定相关规范性法律文件的权力。《地方各级人民代表大会和地方各级人民政府组织法》《立法法》《宪法》中关于地方立法的规定，是为了确保中央立法在各地方的贯彻实施，使其具体化和具备可操作性，以进一步补充中央法律、法规的不足，并根据地方实际情况灵活调整具体方案和措施。

---

[1] 参见桂宇石、柴瑶：《关于我国地方立法的几个问题》，载《法学评论》2004 年第 5 期。

[2] 毛泽东：《毛泽东文集》(第 7 卷)，人民出版社 1999 年版，第 31 页。

[3] 参见周尚君、郭晓雨：《制度竞争视角下的地方立法权扩容》，载《法学》2015 年第 11 期。

2. 民族自治地方的立法权

我国是一个统一的多民族国家,1954年《宪法》明确规定,在少数民族聚居的地方,实行民族区域自治。在国家统一领导下,各少数民族聚居区设定自治机关并行使自治权。1984年全国人大制定了《民族区域自治法》,确定民族自治地方享有地方立法权。首先,民族自治地方根植于当地的民族关系、经济发展与历史情况,此"立法权"是专为民族自治地方设立的,也只适用于各民族自治地方;其次,民族自治地方的立法权主体仅仅属于民族自治地方的人大及其常委会,人民政府并不是立法主体;最后,民族自治地方的立法有其特定形式,自治区的人大及其常委会除可以制定地方性法规外,还能根据本民族的特定情况,制定和修改自治条例和单行条例,并没有作出"不得同宪法、法律、行政法规相抵触"的限制性条款。因此,民族自治地方的立法权不仅具有从属性,还具有自主性,与普通行政区的一般立法权有差别。[1] 这就要求对自治权的配置与运行要进行深入的探讨和实践,[2] 民族自治地方要努力提高立法质量,制定出有利于切实保障各少数民族利益和需求的法律规范,促进少数民族的共同发展。

3. 经济特区、特别行政区的立法权

自20世纪80年代起,基于全国人大及其常委会的专门授权,经济特区享有立法权,其效力不超出经济特区范围的规范性法律文件。全国人大常委会分别于1981年、1988年、1992年、1994年、1996年,授权广东和福建两省、海南省、广东省深圳市、福建省厦门市、汕头和珠海两市的人大及其常委会制定地方法规,在各经济特区实施。经济特区的立法主要呈现出以下特征:第一,经济特区的立法主要来源于全国人大及其常委会的授权。第二,经济特区的立法效力和适用范围并没有明确规定。一般而言,其效力等级低于授权主体制定的规范性法律文件,但又高于普通行政区所制定的法律文件;其调整范围应不超过授权主体的授权范围。第三,经济特区的地方立法带有明显的"先行性""试行性""前瞻性"。第四,经济特区的立法程序和立法任务具有特殊性和不确定性,自主性较大。可以这么说,经济特区的地方立法对于推动改革开放、促进经济发展具有重大作用。此外,1982年《宪法》规定,在特别行政区内实行的制度按照其具体情况由全国人大以法律规定,特别行政区实行高度自治的立法权。根据

---

〔1〕 参见周旺生:《立法学》,法律出版社1998年版,第351~353页。

〔2〕 参见林来梵:《宪法学讲义》(第3版),清华大学出版社2018年版,第279页。

特别行政区基本法，除外交、国防以及其他属于中央政府管理范围的事务外，特别行政区有权制定、修改和废除刑事、民事等法律。

十八届三中全会明确要求“逐步增加有地方立法权的较大的市数量”，十八届四中全会要求“明确地方立法权限和范围，依法赋予设区的市地方立法权”。2015 年 3 月，十二届全国人大分别赋予设区的市人大及其常委会、市人民政府以地方性法规和地方政府规章制定权，使地方立法权主体从 49 个扩容到 282 个，这是我国立法改革的重要一步。[1] 党的十九大报告提出，“推进科学立法、民主立法、依法立法，以良法促进发展、保障善治。”习近平主持召开中央全面依法治国委员会第二次会议时强调，“对改革开放先行先试地区相关立法授权工作要及早作出安排。知识产权保护、生物安全、土地制度改革、生态文明建设等方面的立法项目要统筹考虑，立改废释并举。”[2] 地方立法权的发展，不仅涉及中央与地方及不同层级之间的纵向关系，以及地方体制和同级地方之间的横向关系，更是推动国家各项事业健康发展的基本保证。

三、地方法治的发展状况

（一）地方法治发展的两个阶段

第一阶段：以“依法治某”为主的提法。2000 年前后，地方的法治建设提法主要以“依法治某”为主，许多省、市、县在“依法治国”的引导下，提出了“依法治省”“依法治市”“依法治县”的目标。这一阶段“依法治某”的提法有以下几个特征：第一，从字面含义来理解，其含义与中国古代的“缘法而治”和“以法治国”基本接近。这种提法延续了深刻的传统法文化思想，法律仅仅是治理省、市、县、乡的一种手段，尚不具有至高无上的地位，表明了地方政府的法治思维并没有摆脱官治、治民的意识。第二，这一阶段的地方法治建设具有被动性，其基本途径是贯彻落实中央法治、国家政策。

第二阶段：以“法治某某”为主的提法。2010 年前后，地方的法治建设提法主要以“法治某某”为战略口号，提出“法治某省”“法治某市”等。例如，浙江省

[1] 参见周尚君：《如何有序推进地方法治竞争》，载《人民法治》2016 年第 6 期。

[2] 《习近平主持召开中央全面依法治国委员会第二次会议强调　完善法治建设规划提高立法工作质量效率　为推进改革发展稳定工作营造良好法治环境》，载《光明日报》2019 年 2 月 26 日，第 1 版。

在实施“八八战略”、建设“平安浙江”的基础上，提出了“法治浙江”的口号，推动浙江经济、政治、文化、社会的发展，将地方法治从口号层面上升到了发展战略高度。这样的“地方法治”包含了“权力制约”“权利为本”“法律至上”“程序正义”等法治精神，其法治建设体现出地方的能动性，着力建立并推进以地方社会为基础的地方法治发展战略。这两个阶段“依法治某”“法治某某”分别对应“依法治国”“法治国家”。[1]

（二）地方法治发展的区域变化

从区域变化来看，地方法治发展具有地方法治先行现象、地方法治内陆化现象和区域法治现象三种基本特征。

1. 地方法治先行现象

自2004年以来，“法治江苏”“法治深圳”“法治广州”等提法在长三角和珠三角地区相继出现。尽管各个国家或地区对于实现法治有不同的路径，但其实现程度仍主要屈居于这些国家或地区的市场经济、民主政治、理性文化的发展程度。[2] 而我国各地区在这些方面发展不平衡，难以整体地、统一地推行和实现法治。有的省份则在经济、政治、文化、社会等方面具备法治的条件，通过有效的制度规划和建设方略，先行达到法治国家的目标。例如，浙江省经济发达、人民主体性明显、历史文化优越，使浙江能够在立法、司法、执法、守法等方面具有一定的创新性、开创性，使“法治浙江”在很大程度上成为可能。有学者通过对长三角地区法治建设的考察，发现了地方法治化的先行现象是由于东部经济发达地区在法治建设中具有区域资源优势，必然处于先行法治化的地位。[3] 因此，上述地区的法治实践实际上代表着中国东部地区的发达水平，以经济先行带动法治先行，强调了发达地区的示范价值，体现了地方法治的积极性和主动性。

2. 地方法治内陆化现象

地方法治在一些内陆省市也相继被提出，最典型的是中部地区，如“法治湖

---

〔1〕 参见付子堂、张善根：《地方法治建设及其评估机制探析》，载《中国社会科学》2014年第11期。
〔2〕 参见卓泽渊：《法治国家论》，法律出版社2004年版，第112页。
〔3〕 参见孙笑侠：《局部法治的地域资源——转型期“先行法治化”现象解读》，载《法学》2009年第12期。

南”“法治湖北”。2010 年,湖南提出“法治湖南”建设,从依法执政、科学立法、依法行政、有效监督等方面形成了地方法治试验体系。其首创两个程序制度:党内规范性文件备案审查制度和规范权力运行的正当法律程序。[1] 湖北打造“文化资源型法治”,从文化角度重构湖北的法治特色,主要依靠地方的社会文化资源。美国人类学家克利福德·格尔茨(Clifford Geertz)提出“地方性知识”理论,认为表征法律制度的地方知识属性具有地域文化的制度性表达功能和法律制度运行的介入性影响功能。其表达功能指将风俗、习惯作为非体系化或局域性的文化形态和样式,进行规范性制度建构;其影响功能指法律制度会受到来自地方习俗或习惯的影响,甚至会改变法律制度运行的过程和结果。[2] 也就是说,地方文化会深刻影响该地域人们的价值观和思维方式,具有民族性和地域性,从而影响地方法治的发展。[3]

3. 区域法治现象

区域法治主要围绕“区域”的概念进行界定,国家主权范畴内的区域分为行政区域和跨行政区域两种。区域法治不同于行政区域划分模式,它可以是某个特定行政区域,也可以存在不同行政区划之间以共同利益为纽带发展形成的法治共同体,试图建立超越行政区划的法治发展模式。[4] 自 2006 年以来,东北三省、京津冀地区、西南地区、西北地区、长三角、珠三角等区域逐步建立以区域共同体为基础的法治建设。这表明区域法治建设对法治中国的理论意义和现实价值已有基本共识,[5]法治发展的中心可以从中央转向地方,从国家法治的制度建构转向社会的法治治理,通过构建一体化的区域法治体系,为践行法治中国寻找新路径。

地方法治的发展现象打破了国家统一性、整体性的法治同步发展观,形成了法治建设的时序性、阶段性、地方性。以浙江为代表的“市场经济型法治建设”、以湖南为代表的“程序性法治建设”、以广东为代表的“自治性法治建设”,体现出地方法治发展的积极性、主动性和能动性,根植于地方具体情况,逐渐探

[1] 参见周尚君:《国家建设视角下的地方法治试验》,载《法商研究》2013 年第 1 期。
[2] 参见朱未易:《地方法治何以可能和正当》,载《广东社会科学》2016 年第 5 期。
[3] 参见夏锦文:《区域法治发展的法理学思考——一个初步的研究构架》,载《南京师大学报(社会科学版)》2014 年第 1 期。
[4] 参见付子堂、张善根:《地方法治建设及其评估机制探析》,载《中国社会科学》2014 年第 11 期。
[5] 参见公丕祥主编:《法制现代化研究》(2013 年卷),法律出版社 2014 年版,第 28 页。

索出结合本地实际的法治发展路径,试图以地方法治的逐步发展推动国家法治的整体建设。法治不是教条,不是僵化的规矩,而是在恪守现代法治精神原则和法律至上优势的前提下不断试错、不断推荐、不断完善的地方治理方式。恪守意味着要坚守法治的底线,坚持硬指标;试错则意味着要在宪法、法律的框架内,鼓励和引导地方改革,在探索中保持一种积极性和自觉性,不断满足地方社会需求,推动法治国家的整体发展。

第三章　地方法治的实践考察：法治河南建设现状

伴随中国特色社会主义法治体系建设的逐步推进与完善，国家“依法治国”基本理念的全面落实，近年来法治河南建设也获得持续发展和稳步提升，具体表现为：河南省地方立法的科学合理性显著增强，政府依法行政的水平大大提升，司法运行效率和司法公正的实际效果也得以优化和改善，民众学法、守法、用法的意识显著增强。这些方面充分体现了河南省法治建设所取得的优秀成绩。

当然，基于现实发展的制约，河南的法治建设还存在部分不足与短板，如地方立法的务实性和针对性须要提升，各级政府尤其是基层政府机关的依法行政能力亟须提高，高层次法治人才队伍仍待建设，司法改革尚须进一步推进和深化。特别是，围绕“一带一路”发展及中原经济区、郑州航空港经济综合实验区、中国（河南）自由贸易试验区、郑洛新国家自主创新示范区等国家引领性战略的实施，河南省还需要大幅度提升法治营商环境建设水平，创新发展高层次的法治思维与法治工作方式，建设更加优秀的法学研究与服务平台。

第一节　河南省地方法治实践的理论指引

河南省的地方法治建设，是在习近平法治思想的科学指引下全面开展的。习近平法治思想，是习近平新时代中国特色社会主义思想的重要内容，是其治国理政进程中深刻法律思想的理论总结，是中国建设法治进程所取得的最高理论成就与丰硕成果；习近平法治思想深刻探讨了法治的社会主义基础，整合、完善了社会主义法治体系，具有指导法治建设实践的重要历史意义。正是在习近平法治思想的指导下，河南省的地方法治实践近年来成果斐然。

第一，习近平法治思想提高了河南地方立法的科学性和可执行性。习近平总书记坚持从实际出发，创造性地继承和发展了马克思主义法治理论，他指出："全面推进依法治国，必须从我国实际出发，同推进国家治理体系和治理能力现代化相适应，既不能罔顾国情、超越阶段，也不能因循守旧、墨守成规。"[1] 而要实现全面依法治国首要的就是"立法先行"，推进全面依法治国的过程就是通过法律的运行使宪法精神、法律原则、法治文化和法治信仰融入并渗透到国家治理和公民生活各个方面的过程。因此，中国特色社会主义法治第一个要坚持的就是在立法上确保从实际出发。在这一思想的指导下，河南省直面地方治理体系的法治化困境，针对具体问题，采取各种应对措施。在过去数十载，河南省始终围绕地方实际立法需求为中心，加强科学立法，紧扣提高立法质量这一关键，使地方立法的针对性、有效性、可执行性和可操作性大大增强。

第二，习近平法治思想促进了地方执法机制的良好运行。现阶段，人民日益增长的法治需求与我国现阶段法治水平不高的矛盾，是国家社会法治化建设中人民群众遇到的突出问题。习近平总书记在很多文稿中都表现出对于执法问题的重视，在不同场合不同层面，多次强调执法机关要切实提高执法、用法的能力，尤其是提升政法队伍的整体法律素质以及信息、科技应对能力。执法是衡量立法的试金石，执法水平的高低直接影响法律施行的效果。行政机关不仅要依法行政，更要依宪行政，在法律规定的范围内执法才能够真正实现将权力关进制度的笼子里。在当前的社会形势中，"严格执法"是国家治理能力建设的题中应有之义，只有"严格执法"才能确立国家执法机构的公信力，培养人民群众的认同感。多年来，河南省高度重视政府执政能力建设，推进严格执法，进一步规范了执法行为，采用创造性的工作方式，保证法律切实得到实施，使"纸面上的法" 真正落实为"行动中的法"。

第三，习近平法治思想为地方司法改革和普法教育提供了重要的指导。其中关于加强依法治国、依宪治国的思想，关于社会主义法治队伍建设的思想，不仅是法学理论的探讨，更是将法学理论运用于实践，是理论与实践相结合的思想。保证公正司法就是坚持以公开促公正、以公正树公信，逐步构建开放动态、透明便民的阳光司法体制。唯有如此，才能真正使公民在每一个司法判决中感受到公平正义，才能够有效提升公众对司法的认同感，也才能真正树立国家的

---

[1] 习近平：《习近平谈治国理政》（第二卷），外文出版社2017年版，第117页。

法律权威。自中央启动司法改革以来,河南省积极落实中央部署,扎实推进了司法责任制、司法人员分类管理、司法人员职业保障制度、省级以下地方法院检察院人财物省级统一管理等基础性改革,通过多年的持续努力,已经取得了重大的阶段性成果。此外,树立公民的法律信仰,还需加强法治宣传教育,把普法和守法作为依法治国的两大基础性工作,使尊法、守法成为全体公民的一致追求和自觉行动。在此精神指导下,河南省近年来也十分重视创新法治宣传教育方式,有效推进了法治文化建设,尤其注重对中原厚重的法治文化进行发掘与整理,使其在新时代重放光彩。

第四,习近平法治思想具有鲜明的人民性,为法治政府、法治社会建设提供了目标旨归。人民对美好生活的需求不仅包括物质性"硬需求",还包括民主、法治、公平、正义等非物质性"软需求"。[1] 习近平法治思想尤其强调法治对人民需求和利益的满足,具有鲜明的人民性,倡导公平正直的理国要道,坚持法治是实现人民利益的必由之路。这些理论论述既成为当前我国法治建设的出发点,也为我国未来的法治发展指明了方向。在习近平法治思想的指导下,河南省的法治实践中披肝沥胆,特别注重从广大人民根本利益出发去立法、执法和司法,从而广泛调动了地方的积极性,全面推进了地方治理体系与治理能力的现代化和法治化建设,"科学立法、严格执法、公正司法、全民守法"各个环节均取得显著成就。

第二节　河南省地方立法建设实践考察

地方立法工作是国家和社会治理体系建设的重要组成部分,更是中国特色社会主义法治体系建设不可或缺的重要组成部分,也是宪法和法律赋予省、设区市人大及其常委会的重要职权和主要任务。做好地方立法工作是决胜全面小康、让中原更加出彩的迫切要求。当前,河南省的发展态势总体良好,但不平衡、不协调、不可持续问题依然突出,发展方式转变滞后,社会事业发展还存在明显短板。市场经济应该是法治经济,和谐社会应该是法治社会。解决制约科学发展的体制机制障碍,化解各种社会矛盾、维护社会公平正义,破解公共服务供给能力不足、贫困人口基数大等突出问题,保持经济持续健康发展和社会和

[1] 参见张永和:《法治、人民与美好生活》,载《现代法学》2018年第1期。

谐稳定,都需要织密法律之网、强化法治之力。

做好地方立法工作,首先要正确分析形势,主动适应形势发展变化的客观需要,准确把握经济社会发展新的现实要求,更好地发挥地方性法规对经济社会发展的引领、推动和保障作用。根据党的十八大精神,结合河南实际,省委提出了打造富强河南、文明河南、平安河南、美丽河南“四个河南”和推进社会主义民主政治制度建设、加强和提高党的执政能力制度建设“两项建设”;要求更好地运用法律法规规范人们的行为,协调利益关系,引导经济转型升级,推动三大国家战略(粮食生产核心区、中原经济区、郑州航空港经济综合实验区)规划全面实施。

在党的十八届四中全会提出的“全面推进依法治国”精神引领下,河南省较早地确立了立法先行,着力推进全面依法治省的重要理念。“省人大常委会按照‘五位一体’总体布局和‘四个全面’战略布局要求,围绕中心,服务大局,把中央要求、地方部署、实际需要和群众期盼具体统一到立法工作中。以规范和约束公权力为重点,科学规定国家机关的权利与责任,防止部门利益和个别群体利益‘绑架’立法,坚持科学立法、民主立法、依法立法,通过了一批高质量、有特色的地方性法规,为让中原更加出彩提供了强有力的法治保障。”[1]河南省委、省政府应“正确分析形势,主动适应形势发展变化的客观需要,准确把握经济社会发展新的现实要求,更好地发挥地方性法规对经济社会发展的引领、推动和保障作用。打造‘四个河南’、推进‘两项建设’,要求我们更好地运用法律法规规范人们行为,协调利益关系,引导经济转型升级,推动三大国家战略规划全面实施;全面深化改革开放,要求我们通过立法为改革开拓道路、消除障碍、提供保障,使党的改革主张通过法定程序转化为人民意志和共同行动;人民群众的向往和期待,要求我们加强和改进立法工作,使法律成为增进人民福祉、增进社会认同的最大公约数,更好地保障和维护社会公平正义。”[2]基于科学的理念和规划,近年来,河南省的立法实践工作取得突飞猛进发展,地方法律体系逐渐完善,适应了中原经济社会发展的新形势。

---

〔1〕 阎乃川、高利国:《2017 河南人大立法工作顺利收官》,载大河网,https://news.dahe.cn/2017/12-31/245891.html,访问日期:2023 年 7 月 25 日。

〔2〕 郭庚茂:《以改革创新精神加强和改进地方立法工作》,载河南人大网,https://www.henanrd.gov.cn/2014/01-02/4362.html,访问日期:2023 年 7 月 25 日。

一、立法方向正确,符合国家总体要求

"党的理论和路线方针政策是法的灵魂,宪法和法律是党的主张和人民意志相统一的体现。加强和改进立法工作,必须在党的领导下,始终坚持以中国特色社会主义理论体系为指导,全面贯彻习近平总书记系列重要讲话精神,坚持正确政治方向,从法律制度上科学调整、规范国家和社会生活中的各种关系,处理好改革开放和现代化建设中的各种问题,使党的主张通过法定程序成为国家意志,成为全社会成员一体遵循的行为规范和活动准则,保证党的理论和路线方针政策的贯彻落实。"[1]因此,推进地方立法,必须坚持党的领导、人民当家做主、依法治国有机统一,紧紧围绕全省工作大局,积极推进重点领域立法,着力提高立法质量,为进一步解放和发展社会生产力,解放和增强社会活力,推动中原崛起、河南振兴提供法治保障。

河南省在立法工作中坚持以中国特色社会主义理论体系为指导,保证制定的地方性法规符合党的理论和路线方针政策;坚持以人为本、立法为民;防止部门利益法制化,解决"发展为了谁"的问题,从法律制度上保障人民群众权益,坚决维护社会主义法制统一。"坚持维护社会主义法制统一,依法立法,依需立法,加强规范性文件的备案审查;着眼河南省情、立足河南实际,努力使立法进程同我省改革发展实际相适应。"[2]在具体立法过程中,始终保持政治上的清醒和坚定,增强党对立法工作领导的政治自觉,使立法工作在正确的方向上有序推进,使制定的法规立得住、行得通、切实管用。

二、使立法成为推动全面深化改革的重要动力

根据河南省全面深化改革情况,经省委批准,省人大常委会及时调整五年立法规划,根据需要增加立法项目。河南省组织起草了《河南省地方立法条例(草案)》,经过充分征求意见后,于2016年1月31日河南省第十二届人民代表大会第五次会议于审议通过、并颁布实施了《河南省地方立法条例》。通过该条

---

〔1〕 张德江:《提高立法质量 落实立法规划——在全国人大常委会立法工作会议上的讲话》,载中国法院网,https://www.chinacourt.org/article/detail/2013/11/id/1125429.shtml,访问日期:2023年7月25日。

〔2〕 郭庚茂:《以改革创新精神加强和改进地方立法工作》,载河南人大网,https://www.henanrd.gov.cn/2014/01-02/4362.html,访问日期:2023年7月25日。

例,“一是在总则立法目的中加入‘提高地方立法质量’,并明确了科学立法、民主立法各项原则要求。二是坚持开门立法,拓宽公民有序参与立法的途径,完善法规立项、起草、审议等各环节中社会各方公开参与制度。三是积极开展立法协商,健全论证、听证、征求意见机制,新增了地方性法规案应当召开论证会、听证会等规定。四是增加了法规通过前评估、法规清理、制定配套规定、立法后评估等一系列推进科学立法的制度规定。五是注重更好地发挥人大代表在立法中的作用。规定将省人大代表提出的议案、建议作为立法项目来源,并建立了邀请人大代表参与立法调研、列席法规审议相关会议、参加听证会或者论证会等机制,积极征求省人大代表的意见,保证人大代表全方位、多渠道参与立法”。[1] 此外,在常委会审议机制、批准设区的市的地方性法规程序等方面也进一步健全了相关工作机制,完善了由人大相关专门委员会、人大常委会法制工作委员会(以下简称法工委)等有关部门的工作制度和运行机制。

以此为基础,近年来,河南省人大体系性地推进实施多种措施,将河南省地方立法工作提升到新的台阶,为改革发展作出了巨大的贡献。2017 年省人大常委会审议通过《河南省大气污染防治条例》《河南省扶贫开发条例》,2019 年 3 月河南省全省首批设立郑州、平顶山、鹤壁、三门峡、周口、驻马店市人大常委会 6 个市级立法联系点和金水区、兰考县、栾川县、林州市、浚县、长垣市等 14 个县级立法联系点。2020 年 11 月 28 日,省十三届人大常委会第二十一次会议审议通过《河南省优化营商环境条例》,围绕市场主体需求,聚焦转变政府职能,将近年来“放管服”改革中行之有效的经验做法上升为法规。2021 年,省人大常委会审议通过《河南省革命老区振兴发展促进条例》,2022 年审议通过《河南省南水北调饮用水水源保护条例》等。

总体而言,习近平法治思想在法治河南建设中的指导地位更加巩固,法治力量在全省治理体系和治理能力现代化大考中不断呈现助推力,交出了新时代全面依法治省的高分答卷。具体来看,河南省的地方立法工作主要围绕通过立法规范国家工作人员宪法宣誓制度,以及深化改革设区的市的立法权限、规范其立法工作等典型领域予以展开。

---

〔1〕 惠婷:《规范地方立法活动　提高地方立法质量——〈河南省地方立法条例(草案)〉解读》,载《河南日报》2016 年 1 月 29 日,第 1 版。

(一)立法规范国家工作人员宪法宣誓制度

河南省2015年9月26日河南省十二届人大常委会十六次会议通过了《河南省国家工作人员宪法宣誓办法》,规定从2016年1月1日起,凡经本省地方各级人大及其常委会选举或者决定任命的以及"一府两院"任命的河南省国家工作人员,就职时均须进行宪法宣誓。截至2018年年初,河南省共任免国家机关工作人员190人次,均履行了上述程序;其中在河南省十二届人大常委会十八次会议上,有8名同志进行了庄严的宪法宣誓。[1] 2018年6月,上述办法经河南省十三届人大常委会三次会议进行修订,并持续运行至今。

(二)规范设区的市的立法权限与立法工作

河南省人大及其常委会坚持科学立法、民主立法,适应形势不断调整地方立法工作的重点,积极发挥地方立法对经济社会发展的引领作用。具体而言,2015年,河南省重点推进对设区的市立法赋权、民生事业相关立法调研等,分两批对15个设区的市开始制定地方性法规的时间作出规定。到2016年6月,全省所有设区的市都拥有了地方立法权,开启了河南民主法治建设的新篇章。[2]

考虑到新赋权的设区的市尚无丰富的立法经验,为保证立法质量,河南省人大常委会从以下三个层面入手,采取多项措施,保障设区的市的立法权顺利实现:第一,重视立法培训。河南省人大常委会先后组织多次较大规模的立法实务培训,详细讲解全国人大立法工作的会议精神、新修改的《立法法》以及地方立法技术与内容。第二,河南省人大常委会重点关注设区的市的法规草案合法性问题;与此同时,并对立法技术规范问题和立法针对性、操作性问题,及时给出指导意见,帮助各地尽快提高立法工作能力和水平。第三,河南省人大常委会研究制定了关于审查批准设区的市地方性法规的工作意见。在具体工作中,省人大常委会秉持合法性审查原则,重点审查报请批准的法规是否与上位

---

〔1〕 参见《河南省人民代表大会常务委员会工作报告——2016年1月28日在河南省第十二届人民代表大会第五次会议上》,载《河南日报》2016年2月6日,第3版。

〔2〕 参见李凤虎:《省社科院发布〈河南法治发展报告蓝皮书(2016)〉》,载河南省人民政府网,https://www.henan.gov.cn/2016/05-06/360978.html,访问日期:2023年7月26日。

法相抵触、是否存在超越立法权限的内容等。通过以上三个方面的重点培训、专业指导和严格审查,河南省各个设区的市的立法工作顺利有序展开,已经取得了较为优异的成绩。

2016年,河南省经过审查批准的设区的市的法规范围已经十分广泛,内容涵盖"环境卫生管理、历史文化保护、传统村落保护和生态城市建设等方面。新制定的法规符合立法精神并且体现了浓郁的地方特色,为当地经济社会发展提供着更加强有力的推动作用"。[1] 在2017年,河南省人大及其常委会"全年新制定(含修订)省级地方性法规8部,审查批准设区的市的地方性法规24部,还对多部法规草案进行了审议,涉及政治、经济、环保、民生、文化等多个领域。"[2]此外,全省设区的市立法工作可谓硕果累累,2016年河南省十二届人大常委会陆续审查批准了《开封市城市饮用水水源保护条例》《南阳市白河水系水环境保护条例》《焦作市地方立法条例》《郑州市湿地保护条例》《安阳市城市管理综合执法条例》《鹤壁市地方立法条例》《新乡市中小学校幼儿园规划建设条例》《濮阳市戚城遗址保护条例》等17个地市的一系列地方性法规。[3]

2018年,河南省法工委对设区的市在城乡建设、环境保护和历史文化保护三个方面的立法权进行了把关,并采取面对面指导的工作方式,加强了与设区的市在立法工作方面的沟通与交流。上一年度河南省人大常委会共审核批准39部设区的市的新法规,主题多样、富有特色、质量过硬;设区的市的法规清理工作也有序开展,目前郑州市已对10部法规进行修改,开封、洛阳等15市对现行法规中有关生态保护的内容进行清理,对26部法规进行了修改。[4]

2022年河南省人大常委会召开分组会议,对郑州、开封、平顶山、安阳、新乡、驻马店等市地方性法规进行审查。其主要包括:第一,为推进社会治理体系和治理能力现代化,对《安阳市社会治理促进条例》进行审查;为破解城市排水难题,保障排水设施安全顺畅运行,对《信阳市城市排水管理条例》进行审查;关

[1] 河南省社会科学院课题组:《2016年河南法治建设状况与2017年展望》,载张海林主编:《河南法治发展报告(2017)》,社会科学文献出版社2017年版,第5~6页。

[2] 参见阎乃川、高利国:《2017河南人大立法工作顺利收官》,载大河网,https://news.dahe.cn/2017/12-31/245891.html,访问日期:2023年7月25日。

[3] 参见《河南17地市立法成果显著 盘点那些与你有关的地方性法规》,载搜狐网,https://www.sohu.com/a/167230998_99964903,访问日期:2023年7月26日。

[4] 参见河南省社会科学院课题组:《河南法治发展:成效与展望(2019)》,载周立、张海林主编:《河南法治发展报告(2019)》,社会科学文献出版社2019年版,第5页。

注建筑外立面美化城市天际线,对《安阳市城市市容和环境卫生管理条例》进行审查;在筑牢居民房屋安全网络方面,对《商丘市居民住宅区消防安全管理条例》《许昌市居民住宅区消防安全管理条例》《周口市电梯安全管理条例》进行审查。第二,以法治手段呵护蓝天碧水清波,对《濮阳市扬尘污染防治条例》《漯河市河湖保护管理条例》进行审查;对开封市人大会常委员会《关于修改〈开封市城市饮用水源保护条例〉的决定》进行审查批准。第三,在支持建立先进群体教育基地方面,对《新乡市文明行为促进条例》进行审查;对《焦作市文明行为促进条例》进行审查;为促进乡村文明和家庭文明的建设,对《驻马店市文明行为促进条例》进行审查;为加强家庭教育,对《郑州市实施〈中华人民共和国家庭教育促进法〉办法》进行审查。第四,在法治优化营商环境建设方面,对《平顶山市优化营商环境条例》《南阳市优化营商环境条例》进行审查。第五,在文物保护方面,为加强对夏商遗址的保护力度,对《洛阳市二里头遗址保护条例》《洛阳市尸乡沟商城遗址保护条例》进行审查批准。[1]

(三)以法规推动政府工作转型,推动落实反腐工作

河南省注重充分发挥地方性法规在规范政府行政管理工作、实施行政职权方面的突出作用,为建设服务型政府提供了推动力量。对河南省行政执法条例修订草案进行了初审,“努力明确行政权力边界,加快推进责任政府、服务政府、法治政府建设”。[2] 对河南省实施监督法办法中有关规范性文件备案审查的条款进行修改,“确立了有件必备、有备必查、有错必纠的原则,建立了主动审查、审查反馈和向社会公开等机制。2015 年,共对 248 件规范性文件进行了审查,促进了国家机关严格依法办事”。[3] 地方立法在规范行政执法行为和保护公民、法人以及其他组织合法权益方面的作用更加凸显,“我省通过及时修订《河南省行政执法条例》,进一步规范了行政裁量权的依法行使,对无行政执法

---

〔1〕 参见高利国:《加强文化保护传承　呵护蓝天碧水清波　河南 12 个设区的市地方性法规提请审查批准》,载腾讯网,https://new.qq.com/rain/a/20220729A0BONN00,访问日期:2023 年 7 月 26 日。

〔2〕 《河南省人民代表大会常务委员会工作报告——2016 年 1 月 28 日在河南省第十二届人民代表大会第五次会议上》,载《河南日报》2016 年 2 月 6 日,第 3 版。

〔3〕 《河南省人民代表大会常务委员会工作报告——2016 年 1 月 28 日在河南省第十二届人民代表大会第五次会议上》,载《河南日报》2016 年 2 月 6 日,第 3 版。

资格人员的执法行为进行严格禁止,条例还规定了追究不文明执法行为的法律责任”。[1]

为积极落实中央和省委反腐败工作部署,《河南省预防职务犯罪工作条例》也在省人大常委会审议中通过。预防职务犯罪的方针原则、工作程序、机构职责和责任追究等内容在法律制度层面得以明确,有利于预防职务犯罪从一般工作部署转向依法规范。

三、立法从省情出发,发挥引领推动作用

尽管中国特色社会主义法律体系在新的世纪伴随社会的发展而不断完善,但是基于法律规范一般性、普适性的特征,其部分内容可能在面对具体的地方实际时依然具有一定的适用限制。正基于此,地方立法的价值和功能便得到凸显,即适应本地的特殊性,针对性解决本地突出的、中央立法空缺或不宜解决的问题。近年来,河南省坚持从省情的实际出发,使地方立法充分反映全省特殊的政治、经济、社会、风土人情,使地方性法规具有了较强的针对性和可操作性。

河南省立法较好地把制定地方规范性法律文件同解决本地实际问题有机结合起来。例如,河南作为农业大省和粮食主产区,解决好“三农”问题是全省工作的重中之重。因此,多年来河南省委、省政府坚持以粮食增产、农民增收为目标,狠抓各项支农惠农政策的落实工作,扎实推进新农村建设。为全面保障粮食核心主产区建设,在土地资源保护这一备受人民关注的重要立法领域,2015 年河南省制定了《河南省高标准良田保护条例》,“该条例的颁布将改变河南省高标准良田建设中缺乏统一标准、资金投入分散、后期管护不足等问题,为河南省高标准粮田规划、建设、管理、保护提供有力的法律保障”。[2] 又如,在审议《河南省职业培训条例》时,河南省不仅充分考虑到高技能人才缺乏与全民技能振兴工程的关系,还注意协调处理一般技能人才与经济转型发展、供给侧结构性改革之间的关系;一方面有助于培养好技能人才,另一方面促进了经济

---

〔1〕 河南省社会科学院课题组:《2016 年河南法治建设状况与 2017 年展望》,载张海林主编:《河南法治发展报告(2017)》,社会科学文献出版社 2017 年版,第 12 页。

〔2〕 参见马意翀:《河南高标准粮田保护条例今年 10 月起正式施行》,载河南省人民政府网,https://www.henan.gov.cn/2015/10-05/355102.html,访问日期:2023 年 8 月 1 日。

建设,体现了河南地方特色。[1]

河南省也非常注重发挥法律对经济社会改革发展的引领推动作用。河南省地方立法工作始终主动围绕经济社会发展的需要,坚持"立、改、废、释"并举,加快推进重点领域立法,注重提高地方立法质量。例如,2016年,为了促进河南人口可持续均衡发展,发挥人口对经济社会发展最大限度的能动作用,在中央部署关于实施全面二胎政策之后,河南也在第一时间修改了《河南省人口与计划生育条例》。修改后的条例更加彰显人文关怀,增加了合理延长产假以及独生子女父母年满60周岁后、住院治疗期间准予其子女享有护理假期等规定。上述地方性法规的出台无不深刻体现了"立法为民"的重要理念,洋溢着浓厚的中原文化特色。

2018年也是立法回应民生的一年。本年度河南省为有效开展《河南省老年人权益保障条例》的立法工作,进行了广泛的省内调研,并赴省外多地学习考察,广泛地征求了社会意见。这一条例对老年人的日常生活、法律援助等社会热点问题增加了诸多有针对性和可操作性的规定,有效地解决了当前老年人权益保护工作中存在的问题。此外,为推进河南社会信用体系建设,在2018年5月,河南省人大常委会法工委开始进行《河南省社会信用条例(草案)》的调研与制定工作,该条例规定了信用体系建设原则,规范了信息使用程序,为河南诚信社会的建设提供了法律保障。上述条例已于2019年11月29日公布,2020年5月1日起施行,其将为地方社会信用体系的建设输出正能量。

四、坚持高质量立法,回应人民期盼

党的十九大报告指出,必须坚持"以人民为中心"的发展思想。地方立法工作的宗旨,必须以民为本、立法为民,河南将"以人民为中心"的发展思想落实到立法各项具体部署中去,并将中央要求、地方部署、实际需要和人民群众的强烈期盼有机统一到立法工作中。在遵循立法工作规律的前提下,始终围绕人民群众关切的问题,不断提高地方立法质量,为实现良法善治奠定法治基础。

近年来人民群众对生态环境的要求逐步提高,正如党的十九大报告提出,

---

[1] 参见孔凡哲:《我省确保每一部法规立得住行得通真管用》,载中原经济网,https://www.zyjjw.cn/news/henan/2018-01-12/472222.html,访问日期:2023年8月1日。

我们要建设的现代化是人与自然和谐共生的现代化，既要创造更多的物质财富和精神财富，以满足人民日益增长的美好生活需要，也要提供更多优质生态产品，以满足人民日益增长的优美生态环境需要。河南省的地方立法注重践行社会主义生态文明观，想群众之所想，从群众实际需要出发，陆续制定和修订了《河南省减少污染物排放条例》《河南省实施〈中华人民共和国水土保持法〉办法》《河南省云台山景区保护条例》等，为建成"美丽河南"提供全方位的法治保障。此外，河南省人大常委会审议通过的《河南省辐射污染防治条例》，明确了辐射污染防治责任，强化环境监督管理和防护措施；《河南省湿地保护条例》针对湿地水体污染、过量获取湿地资源等问题，明确了湿地保护原则、保护措施、监管责任等，促进湿地资源可持续利用；《河南省大气污染防治条例》细化了大气污染防治监督管理、重污染天气应对、重点区域协作等一系列内容，用法治利剑，营造出全省人民热烈期盼的蓝天白云下自由呼吸的优良居住环境。[1]

围绕生态环境保护立法，河南省持续做出好文章，扎实有效地开展了许多工作。2018 年制定了《河南省气候资源保护与开发利用条例》，在具体内容上结合国家安全管理规定，将党的十九大报告中提出的生态环境保护与绿色发展理念写入地方法规，明确了政府和气象主管机构应承担的职责与义务。2019 年公布实施的《河南省水污染防治条例》坚持人与自然和谐共生的理念，规范了水资源的调配、使用、保护等多方面工作，有效地解决了河南省在水体保护方面存在的各种问题。2020 年，河南省在经济社会发展中继续大力推行绿色发展理念，立法上不断夯实生态文明建设的法治基础，上述工作在设区的市层面也得到较好的发展。短时间内高效通过《商丘市城市扬尘污染防治条例》《许昌市机动车和非道路移动机械排气污染防治条例》《濮阳市散煤污染防治条例》等设区的市的立法，用最严格的制度防治环境污染、守护碧水蓝天。

坚持文明立法，为公民道德建设提供助力。文明是社会主义核心价值观的重要内容，法律是最有效的规则和制度。2021 年 1 月 1 日起，《河南省文明行为促进条例》实施。该条例制定之前，郑州市、商丘市等一些城市已经开展了文明行为领域的地方立法，这些地市立法经验为《河南省文明行为促进条例》的出台提供了有益的借鉴；同时，《河南省文明行为促进条例》的出台带动了安阳、濮

---

〔1〕 参见河南省社会科学院课题组：《2016 年河南法治建设状况与 2017 年展望》，载张海林主编：《河南法治发展报告(2017)》，社会科学文献出版社 2017 年版，第 5 ~6 页。

阳、许昌、三门峡、信阳等地市加快文明行为领域立法的步伐,从而形成了河南以法治促进社会文明与公民道德建设的良好氛围。[1]

五、深入推进科学立法、民主立法

河南省人大及其常委会为提高地方性法规的质量和效用,进一步完善了地方立法体制机制,提升设定立法规范的科学化。第一,加强党委对立法工作的领导,完善党委对立法工作中重大问题的决策程序,地方重大的立法规划、年度立法计划、重大立法项目报同级党委批准或讨论决定。第二,人大立法的主导性进一步强化。在起草和审议法规草案过程中,人大在统筹协调和综合指导方面发挥了越来越重要的作用。例如,建立由人大相关专门委员会、法工委组织有关部门参与起草综合性、全局性、基础性等重要法规草案制度。面对重大争议,省人大常委会首先会充分听取起草单位和利益相关主体的意见,再召开主任会议研究决定达成共识。对于法律关系复杂而且社会关注度高的法规,省人大常委会严格了评估和公开招标程序,引入第三方起草法规草案,有效防止了部门利益法律化。第三,河南省人大更加注重了立法的调研和实践。为推进各项立法计划有条不紊实施,《河南省地方立法条例》实施以来的每一次重大立法活动,均提前做了充分准备,开展了系统调研。

为推进民主立法进程,河南省人大扩大了公民对立法的有序参与,立法专家库也得到了健全。第一,河南省不断完善立法民主协商和公民意见的征集机制。"健全人大立法项目征集、立项、起草、论证、协调、审议、表决机制,健全向下级人大常委会征询立法意见机制,建立基层立法联系点制度。完善法规规章起草征求人大代表意见制度,探索委托第三方起草法规规章草案制度,完善法规草案审议表决程序,对重要或争议条款单独表决。健全立法机关和社会公众沟通机制,将立法协商纳入年度民主协商计划,充分发挥政协委员、民主党派、工商联、无党派人士、人民团体、社会组织在立法协商中的作用。探索建立有关国家机关、社会团体、专家学者等对立法中涉及的重大利益调整论证咨询机制。拓宽公民有序参与立法途径,健全法规规章草案公开征求意见和公众意见采纳

---

〔1〕 参见河南省社会科学院课题组:《2020年河南法治建设状况与展望》,载周立主编:《河南法治发展报告(2021)》,社会科学文献出版社2020年版,第5~6页。

情况反馈机制。"[1]相关立法专家学者也纷纷受邀、积极参与各项法规草案的修改工作。第二,进一步探索建立"立法评估与咨询服务基地",着力构建专兼结合的立法人才队伍,增强地方立法工作的智库力量。2016 年,《民法总则》和《慈善法》等法律草案通过河南省人大共征求到有关方面意见 400 余条,国家立法资源和力量进一步壮大。

进一步完善政府立法体制机制,加强重点领域立法。坚持按照科学立法、民主立法、依法立法的要求,进一步推广实施"1543"立法机制,细化"四合"审查标准,完善"三会两评"工作机制,加强对设区的市立法工作的指导,提升全省各级政府立法质量。在科学高效的政府立法体制机制保障下,河南坚持问题导向,不断加强重点领域立法。2021 年,围绕黄河流域生态保护和高质量发展、生态文明建设、民生保障和社会治理等,聚焦人民群众关切,积极开展立法调研和审查,扎实做好相关领域立法工作。加快《河南省绿色建筑条例》《河南省乡村振兴促进条例》《河南省节约用水条例》等法规、规章的立法进程(上述三个条例已于 2021 年 12 月 28 日审议通过),同时,也围绕河南省黄河流域生态保护和高质量发展的综合性立法工作不断做出努力,做到立法和改革相衔接、相促进,用高质量立法保障和促进高质量发展。[2]

省人大常委会充分发挥人大立法主导作用,切实加强重点领域、新兴领域立法,2022 年制定和修订省本级法规 21 部。其中,为切实增强对科技创新的法治引领和保障作用,颁布了《河南省科学院发展促进条例》;为助力数字经济发展,颁布了《河南省数字经济促进条例》;为保障人民群众的生命健康,颁布了《河南省餐饮服务从业人员佩戴口罩规定》《河南省中医药条例》;此外,还颁布了《河南省公共文化服务保障促进条例》《河南省人力资源市场条例》等一系列高品质法规,为河南以良法促善治,推进经济社会高质量发展奠定了法治基础。[3]

此外,法治政府建设"施工图"更加明确。为全面落实中共中央、国务院印

[1] 参见《中共河南省委关于贯彻党的十八届四中全会精神全面推进依法治省的实施意见》,载《河南日报》2015 年 4 月 13 日,第 3 版。

[2] 参见河南省社会科学院课题组:《2021 年河南持续优化法治化营商环境的总结与探索》,载王承哲主编:《河南法治发展报告(2022)》,社会科学文献出版社 2021 年版,第 3 ~4 页。

[3] 参见河南省社会科学院课题组:《2022 年河南法治发展与 2023 年展望》,载王承哲主编:《河南法治发展报告(2023)》,社会科学文献出版社 2022 年版,第 3 ~5 页。

发的《法治政府建设实施纲要(2021—2025 年)》,2022 年河南省出台了《河南省法治政府建设实施方案(2021—2025 年)》(以下简称《实施方案》)和《法治河南(法治政府)建设考核方案》(以下简称《考核方案》),对河南的法治政府建设作出了系统谋划和详细规定。[1] 作为河南法治政府建设的纲领性文件,《实施方案》以前瞻 30 年、谋划 15 年、立足这 5 年的目光科学谋划、精准施策,对河南省法治政府建设高效发展谋篇布局。其提出到 2025 年,河南省要建成 10 个左右国家级法治政府建设示范地区和项目、100 个省级法治政府建设示范地区和项目,切切实实把宏伟蓝图变成了目标明确的"施工图"。[2]

六、河南省各项地方性法律法规均得到有效实施

加强和改进立法工作,首先要立好法,立法不好就执行不好;不过,法律的生命力更在于实施,再好的法律不去实施就只是纸上谈兵。近年来,河南省充分考虑、密切关注法律的实施问题,坚持严格执法、公正司法,进一步加强法治宣传教育,加强对法律法规实施情况的监督检查,最终切实保证每部地方性法律法规均得以真正实施,取得了应有的社会效果。

在过去的数年间,河南省法治建设正在大步向前迈进,依法治省的重要理念得到切实落实,文明河南建设的所有活动都在宪法和法律的范围内稳步推进;并结合河南实际情况,制定出一系列切实可行的法规与制度。依据《立法法》的规定,河南省能够制定的法律包括地方性法规和地方政府规章,立法层级包括省级人民代表大会和人民政府,以及设区的市的人民代表大会和人民政府。省、市两级立法机关均能根据自身立法权限,结合地方实际情况,充分发挥地方立法积极性,紧紧围绕法治河南建设的主题,制定配套的地方性法规和规章,构建法治河南建设的网状法律制度体系。

各机关、团体、企事业单位在地方性法规和规章的范围内,结合行业和单位的特点,通过制定自律规范、行为守则、行业标准、奖惩办法等,使法治河南建设的政策举措落到实处。制度建设是法治思维、法治原则、法治方式在河南省经

---

[1] 参见《刚柔并济 推动法治政府建设稳步前行——聚焦〈河南省法治政府建设实施方案(2021—2025 年)〉》,载《河南法制报》2022 年 1 月 25 日,第 3 版。

[2] 参见河南省社会科学院课题组:《2022 年河南法治发展与 2023 年展望》,载王承哲主编:《河南法治发展报告(2023)》,社会科学文献出版社 2022 年版,第 3 页。

济社会建设中的体现，既是“四个建设”的重要内容，也是推进“四个建设”的重要保障。[1] 目前，法治河南建设，正沿着“四个建设”的总体方向快速前进。

第三节　河南省地方执法和司法建设实践考察

党的十九大报告明确提出，到21世纪中叶，我国要实现国家治理体系与治理能力现代化，成为综合国力和国际影响力领先的国家，基本实现全体人民共同富裕。“‘国家治理体系与治理能力现代化’是中国共产党致力于全面深化改革提出的总目标之一，也是自足于中国实践与中国国情而提出的自身话语体系的重要组成部分。”[2]

在党的十九大报告精神指导下，河南省委、省政府也将地方治理能力建设作为工作的重中之重，以政府机构改革为契机，加快政府职能转变，牢记职责使命，切实增强履职能力；使司法改革向纵深发展，加强司法公信力建设，推进“阳光司法”，着力解决司法判决执行难问题；创新社会治理模式，加强法治宣传教育方式，助力法治学术研究；河南省委、省政府在各个层面均推进了河南省地方治理能力的建设工作。

一、河南省政府执政能力的建设实践

河南省政府行政执法部门结合本系统职责和执法事迹，制订工作方案，细化工作措施，强化监督考核，扎实、有效地推进了服务型行政执法建设工作，并在此基础上，取得了法治政府建设的诸多成就。

（一）明确改革方向，转变政府职能

建设服务型政府，实现全面依法行政是法治河南实践的重要内容；进一步改革政府机构、转变政府职能，不仅是提高政府效能的必然要求，也是增强社会发展活力的必然要求。自2015年以来，河南省各级政府始终积极推进依法行

〔1〕 参见河南省社科院课题组：《“四个建设”：打造文明河南的切入点》，载《河南日报》2014年6月19日，第5版。

〔2〕 艾华：《国家治理体系和治理能力现代化的核心要义》，载中国改革网，http://www.chinareform.net/index.php?a=show&c=index&catid=35&id=28041&m=content，访问日期：2023年7月28日。

政,着力强化法治服务体系建设,深入推进法治政府建设再上新台阶。早在2015年,河南省政府就印发了河南省人民政府办公厅《关于做好2015年度全省推进服务型行政执法建设工作的通知》(豫政办〔2015〕38号),要求省政府行政执法部门重点加强对本系统推进服务型行政执法建设工作;同年7月,省全面推进依法行政工作领导小组办公室还制定印发了《全省推进服务型行政执法建设四项工作制度(试行)》(豫依法行政领办〔2015〕85号),为建立全省推进服务型行政执法建设工作长效机制做出努力。[1]

基于此,河南省各级地方政府还发出了加快建设人民满意的服务型政府的动员令,在随后的数年内各项工作都取得了良好的成绩。例如,2017年平顶山市政府深入推进"放管服","在认真做好国务院和省政府取消下放行政职权事项承接工作的基础上,取消下放市本级行政职权事项5项,清理规范中介服务事项28项,削减证明和办事环节事项235项,仅保留23项,取消比例91.1%;通过'模拟审批'试点建设,实现审批环节减少12%,审批要件取消36%,审批时间压缩15%。这一年,平顶山市的市场准入门槛也实现了大幅降低,将232项工商登记前置审批事项调整为后置审批,仅保留37项,压减85%。在推行'五证合一'的基础上,继续整合17个部门的30个证照,为13400余户市场主体办理了'三十五证合一'营业执照,同时推行工商登记全程电子化注册,有效释放和激发了市场活力。"[2]

"2018年,河南省委、省政府印发了《河南省优化营商环境三年行动方案(2018—2020年)》,这是全省第一个全面优化营商环境的综合性指导文件"。[3] 这项举措可视为河南省进一步调整政府职能,建设服务型政府的重要尝试。之后,《关于进一步优化营商环境服务高质量发展的实施意见》出台,对继续助推营商高质量发展作出有力部署。至此,河南省各政府机构深入推进"最多跑一次"改革,使"审批时限较法定时限节省50%以上,申请材料也减少

---

〔1〕 参见《我省通过建立长效机制扎实推进服务型行政执法工作》,载河南省人民政府网,https://www.henan.gov.cn/2015/07-22/345246.html,访问日期:2023年7月28日。

〔2〕 参见孙聪利:《简权瘦身服务便民效能提升我市法治政府建设呈现"加速度"》,载平顶山市人民政府网,http://pds.gov.cn/contents/4/67386.html,访问日期:2023年7月28日。

〔3〕 河南省社会科学院课题组:《河南法治发展:成效与展望(2019)》,载周立、张林海主编:《河南法治发展报告(2019)》,社会科学文献出版社2019年版,第7页。

30%以上”,[1]使企业与群众真正感受到了服务便利。

此外,法治化营商环境建设进一步推进。《实施方案》明确提出,要持续优化法治化营商环境。可见,优化法治化营商环境是法治政府建设的重要内容和题中应有之义。因此,在法治政府建设过程中,河南省围绕服务保障经济社会高质量发展,积极推进法治化营商环境建设。第一,完善制度机制建设。出台《清廉河南建设实施“放管服”增效行动工作方案》,明确到2025年,政务服务事项实现全省同要素管理、无差别受理、同标准办理,清廉政府提质工程取得显著成效。第二,推进“证照分离”“多证合一”改革。第三,持续开展全域营商环境评价。2022年,河南继续全面实施评价结果与年度目标考核绩效奖金、评先树优、领导班子和干部考核“三挂钩”奖惩措施,以此推动各地、各部门高质量开展专项整改。[2] 多措并举不断深化“放管服”改革、优化营商环境,努力实现便民利企最大化。

(二)落实行政执法责任制,完善行政考核制度

在落实行政执法责任制方面,2015年时,河南省政府就较好地作了一系列工作部署。“一是明确行政执法责任。印发了《河南省人民政府办公厅关于全面落实行政执法责任制的意见》(豫政办〔2015〕42号),对推行行政执法责任制工作作出安排部署;通过组织业务培训、梳理执法依据、建立执法权责清单、编制行政执法流程图,进一步明确执法责任;一些地方还通过媒体广泛宣传推行行政执法责任制的重要意义,有效推动行政执法责任制落实。二是开展重点领域行政执法检查。把重点领域行政执法检查作为贯彻落实党的十八届四中全会精神、有效推动执法责任落实的实际举措,在全省范围内第一次对关系群众切身利益的10个重点领域组织开展行政执法检查。省全面推进依法行政工作领导小组通过公开征求社会公众意见,将群众反映强烈的行政执法问题作为重点检查内容,组成9个检查组开展实地检查和暗访,对发现的问题认真督促整改。三是强化行政执法监督。省政府制定出台《河南省重大行政处罚备案审查

---

〔1〕 河南省社会科学院课题组:《河南法治发展:成效与展望(2019)》,载载周立、张林海主编:《河南法治发展报告(2019)》,社会科学文献出版社2019年版,第8页。

〔2〕 参见河南省社会科学院课题组:《2022年河南法治发展与2023年展望》,载王承哲主编:《河南法治发展报告(2023)》,社会科学文献出版社2022年版,第7页。

办法》(省政府令第168号),在全省建立了重大行政处罚审查制度,许多地方也出台了重大行政处罚备案细则等行政执法监督制度,强化日常监督、个案监督,切实纠正执法违法行为。深入推进规范行政处罚裁量权工作,一些地方和部门对行政处罚裁量标准开展了专项检查,有效规范了执法行为。严格实行行政执法人员持证上岗和资格管理制度,2015年组织开展了全省行政执法人员清理工作,对执法资格考试不合格人员,不授予执法资格、调离执法岗位。截至2015年年底,全省共发放行政执法证224590本、行政执法监督证8115本。四是严格责任追究。认真受理行政执法监督投诉举报,对查出的问题,严格按照有关规定追究相关单位和人员责任。各地不断健全纠错问责机制,对有令不行、有禁不止、行政不作为、失职渎职、违法行政等行为,依法严肃追究相关单位和人员责任。"[1]除以上宏观层面的工作外,许多细节方面的行政执法责任机制也有条不紊地建立、完善起来。例如行政执法文书修订工作的开展,为进一步规范行政执法文书格式奠定了基础;各级行政机关认真受理行政执法监督投诉举报,强化主动办案,对查出的问题,严格按照《河南省行政执法责任追究试行办法》的规定追究相关单位和人员的责任。

全面推进依法治国具有重大的现实意义和深远的历史意义,而依法行政是依法治国的重要组成部分,全面推进依法治国,建设法治政府,必须全面推进依法行政。"2015年10月27日,河南省2015年度依法行政考核工作正式启动,9个考核组对全省77个考核对象进行实地考核。18个省辖市政府、10个省直管县市政府、49个省直行政执法部门组成的77个考核对象,接受包括1名民主人士、1名新闻记者在内的省全面推进依法行政工作领导小组考核。"[2]专家表示,河南省人民政府出台《河南省依法行政考核方案》是进一步落实领导干部依法行政的主体责任,是加强党风廉政建设的有力举措。

2017年年初,河南省法治政府建设领导小组又印发了《河南省2017年度法治政府建设工作安排》,[3]对全省法治政府建设年度工作进行了安排部署;依

---

〔1〕《河南省人民政府关于2015年度法治政府建设情况的报告(豫政文〔2016〕43号)》,载河南省人民政府网,https://www.henan.gov.cn/2016/04-22/239456.html,访问日期:2023年7月28日。

〔2〕潘慧琳:《河南:依法行政考核 加快建设法治政府》,载《决策探索》2016年第1期。

〔3〕参见《我省2017年度法治政府建设工作安排印发》,载河南省人民政府网,https://www.henan.gov.cn/2017/05-12/373175.html,访问日期:2023年7月28日。

法行政考核就是对上述工作安排的最终总结和考核，是对全省法治政府建设成效和问题的检验。根据周密设计，河南省关于法治政府建设工作安排的考核科学化、民主化、公开化程度达到较高的水平，具体而言，“考核内容更加全面，考核主体更加多元，考核方式不断创新，考核结果对外公开，并作为省委组织部评价省管领导班子和领导干部的重要依据，这些改革和创新不仅在行政机关内部和社会上引起了良好反响，也引起了各地各部门对法治政府建设的高度重视。”[1] 由上述情形可知，为推进法治政府建设，河南省根据形势发展需要加强了依法行政考核，研究制定了科学的法治政府建设指标体系和考核标准，明确考核内容与考核程序，创新考核方式方法，增加日常考核分值比重，实现了考核结果运用的常态化。

依法行政考核结果与奖励惩处、干部任免挂钩。对连续 3 年考核优秀的单位及其主要负责人提出表彰奖励建议报省政府。对年度考核不合格的，将对其主要负责人约谈，并作为督促整改的重点单位，加强指导和监督。对连续 3 年考核不合格的，将具体情况报省政府。考核中发现有严重违法行为的，考核机关应当启动行政执法责任追究程序或者移送行政监察机关，涉嫌犯罪的移送司法机关。重大行政决策情况成为重要考核指标之一。严格履行重大行政决策公众参与、专家论证、风险评估、合法性审查、集体讨论决定法定程序，对决策严重失误或者依法应该及时作出决策但久拖不决，造成重大损失、恶劣影响的行政首长、负有责任的其他领导人员和相关责任人员，责任追究到位。

全面落实行政执法人员持证上岗和资格管理制度、执法全过程记录制度和执法公示制度、重大执法决定法制审核制度，定期组织开展行政执法人员法律知识培训、考试，严格执行罚款决定与罚款收缴分离制度。加大问责力度，坚决纠正行政不作为、乱作为，坚决克服懒政、怠政，坚决惩处失职、渎职行为。省辖市、省直管县(市)政府和省直行政执法部门不履行对依法行政工作的领导、监督、指导职责，导致本地、本系统一年内发生多起严重违法行政案件(事件)，造成严重社会影响的，要严肃追究该省辖市、省直管县(市)政府和省直行政执法部门主要负责人的责任。

此外，2022 年 1 月，中共河南省委、河南省人民政府印发了《实施方案》《考

---

〔1〕《全省 2017 年度依法行政实地考核工作启动》，载河南省人民政府网，https://www.henan.gov.cn/2018/02-02/386218.html，访问日期：2023 年 7 月 28 日。

核方案》,并明确要求各地各部门结合实际认真贯彻落实。《考核方案》作为5年内对法治河南(法治政府)建设进行考核的总方案,在考核范围方面实现年初有部署、日常有督导、年终有考核、事后有评价的闭环落实体系,真正实现了全覆盖、全方位、全过程检验和推进法治河南(法治政府)建设。[1] 其旨在营造行政机关及其工作人员实干担当的氛围,为实现更优质公共服务的供给做出保障。

(三)关心人民福祉,推动依法行政

近年来,河南省人民群众特别关注的民生问题集中在生态环境保护、安全生产、信访工作等层面。与此相适应,河南省政府的工作重心也落在这些民众最关心的问题上,在重点领域的执法更加严格。

1. 狠抓落实,推进生态法治建设

为改善空气质量,推进生态法治建设,河南省狠抓落实,拉响了大气污染防治攻坚战的冲锋号角。在依法治理污染的基础上,省政府及各地市政府采取有效措施,集中整治"污染围城"和"小散乱差"企业等污染空气的重点行业和领域。表3-1部分体现了2016年度河南省在大气污染治理方面的重要成绩。

表3-1　2016年重拳治理大气污染成效[2]

序号	项　目	成效
1	重点项目工地依法受到严格管控	12,300余个
2	10蒸吨/时以下燃煤锅炉被拆改	3492台
3	工业窑炉、砖瓦窑路、水泥粉磨站得到提标治理	3665台(套)
4	5619万千瓦统调燃煤发电机组超低排放	143台
5	黄标车、老旧车被查扣追缴淘汰	62.3万辆

通过一系列对生态资源环境的有效治理,河南省大气质量持续恶化的趋势得到了一定扭转,蓝天白云重回人民群众的生活中。时至2018年,"河南的

[1] 参见河南省社会科学院课题组:《2022年河南法治发展与2023年展望》,载王承哲主编:《河南法治发展报告(2023)》,社会科学文献出版社2022年版,第6~7页。

[2] 参见张林海主编:《河南法治发展报告(2017)》,社会科学文献出版社2018年版,第6页。

PM2.5、PM10 平均浓度分别下降 1.6%、2.8%”,[1]河南省的大气污染防治工作取得了明显成效;河南省切实推行河长制、湖长制,实施了水资源、生态、环境、灾害的“四水同治”,启动了 10 项重大的水利工程,受到了国务院的通报表扬。[2] 这样,通过生态环境法治体系不断完善,法规标准体系建设水平持续提升,污染防治攻坚工作稳步推进。

(1)完善地方性法规标准。做好《河南省固体废物污染环境防治条例》修订工作,积极推动《河南省噪声污染防治条例》《河南省黄河流域生态保护和高质量发展条例》列为 2023 年立法项目。指导帮助各地市积极推动立法,漯河市 2022 年 3 月 1 日实施的《漯河市黑臭水体防治条例》,是全国首个黑臭水体防治地方性法规。发布实施《砖瓦工业大气污染物排放标准》《固定污染源废气 氨排放连续监测技术规范》《固定污染源废气 挥发性有机物监测技术规范》等重点行业大气污染物排放地方标准与技术规范,基本形成覆盖大气、水、土壤、固体废物等全方位的生态环境地方性法规和标准体系。[3]

(2)加强规范性文件管理。出台《河南省生态环境厅规范性文件管理办法》《河南省生态环境厅规范性文件法制审查办法(修订)》《河南省生态环境厅规范性文件认定指导意见》等,对相关文件开展梳理清理,上报省政府废止(宣布失效)17 件,修改 1 件。加强对政策文件、规范性文件、民商事合同的合法性审查,2022 年,共审查政策文件 21 件,规范性文件 4 件,民商事合同 201 件。[4]

(3)生态环境执法效能显著提高。一是全力推动专项执法行动。扎实组织开展涉挥发性有机物行业企业、污水处理厂等专项执法检查,开展深入打击危险废物环境违法犯罪和重点排污单位自动监测数据弄虚作假违法犯罪专项行动及全省重点环保设施和项目环境风险评估及隐患排查治理等涉及多类型多领域的专项行动。二是不断健全执法体制机制。制定出台《河南省重大生态环境违法案件专案查办制度》《河南省生态环境综合执法监测联动规定》等多项制

[1] 参见河南省社会科学院课题组:《河南法治发展:成效与展望(2019)》,载周立、张林海主编:《河南法治发展报告(2019)》,社会科学文献出版社 2019 年版,第 7 页。

[2] 参见河南省社会科学院课题组:《河南法治发展:成效与展望(2019)》,载周立、张林海主编:《河南法治发展报告(2019)》,社会科学文献出版社 2019 年版,第 7 页。

[3] 参见河南省生态环境厅法规处:《河南省生态环境厅关于 2022 年度法治(法治政府)建设情况的报告》,载河南省生态环境厅网,https://sthjt.henan.gov.cn/2023/01-28/2678794.html,访问日期:2023 年 8 月 1 日。

[4] 同上。

度,修订完善生态环境行政处罚裁量基准和生态环境违法行为处罚事项清单,严格落实《河南省污染源环境监管"双随机、一公开"抽查工作制度》《河南省生态环境保护异地交叉互查监督帮扶工作制度》等。三是持续优化执法监管。建立生态环境监督执法正面清单管理制度,加强在线监控、用电监控、门禁管控等科技手段监管,对信用良好企业,实施"无打扰"监管,减少对企业正常生产的影响。做实行政指导工作,实行执法人员包企业包服务,指导企业落实生态环境管理规范化要求。坚持宽严相济执法,对无主观过错、违法情节轻微并及时改正、未造成危害后果的违法行为免予行政处罚。[1]

(4)行政执法与刑事司法衔接有效加强。与省检察院、省工商联等共9家单位联合印发《河南省涉案企业合规第三方监督评估机制实施办法(试行)》《河南省涉案企业合规第三方监督评估组织运行规则(试行)》《河南省涉案企业合规第三方监督评估机制专业人员选任管理办法(试行)》等文件,推荐业务骨干充实河南省涉案企业合规第三方监督评估机制专家库,促进行政执法与刑事司法衔接工作。[2]

(5)全面加强黄河流域生态保护。印发《河南省黄河流域生态环境保护规划》《河南省2022年黄河流域生态环境保护工作要点》,科学谋划,强力推进;在黄河流域集中开展涉水排污单位稳定达标排放、农村环境突出问题综合整治等6个专项行动,黄河河道内乱占、乱采、乱堆、乱建等现象得到有效治理;持续开展黄河"清废"行动、"一废一库一品"环境安全隐患排查、黄河流域自然保护地"绿盾"行动等排查整治活动;与山东省签订《黄河流域(豫鲁段)横向生态保护补偿协议》,2021年和2022年连续两年获山东生态补偿资金1.26亿元。黄河干流水质稳定达标,出省断面水质稳定达到Ⅱ类。[3]

(6)全力保障南水北调中线工程水质安全。制定下发《省辖丹江口水库入库入河排污口排查整治工作方案》,开展丹江口库区及上游入库河流排污口排查整治行动;对南水北调水源保护区522个环境问题开展"回头看",持续推进饮用水水源保护区规范化建设;开展南水北调中线工程总干渠水源保护区内村

---

[1] 参见河南省生态环境厅法规处:《河南省生态环境厅关于2022年度法治(法治政府)建设情况的报告》,载河南省生态环境厅网,https://sthjt.henan.gov.cn/2023/01-28/2678794.html,访问日期:2023年8月1日。

[2] 同上。

[3] 同上。

庄生活污水整治行动，完成317个村庄生活污水治理；及时有效处置水污染突出事件，南阳淇河、五里川河水污染应急处置措施被誉为"南阳模式"入选生态环境部典型案例，南水北调中线工程水质保护做法在2022年度全国生态环境保护工作会议上作了典型发言。[1]

2. 重特大事故预防和信访工作制度持续改进

(1)重特大事故预防机制逐步健全。针对较大事故数量大幅上升、重点领域事故总量居高不下等苗头性问题，河南省重点行业领域的治理整顿进一步强化。深化道路交通运输安全整治，以班线客车、旅游包车和危险化学品运输车为重点，全面清理客车挂靠等问题，发挥动态远程监控系统作用，强化从业者监管和制度保障，真正落实全链条、全过程严管。全面加强农村自建房和经营性用房安全监管，提供科学建房指引，加强农民安全教育，坚决遏制事故多发态势。强化市政设施地下空间作业安全治理，把操作规程落到基层，严格工程发包管理，提高应急处置能力，最大限度地减少人员伤亡。强化消防领域安全防范，突出下店上宅、"三合一"等重点场所薄弱环节整治，切实提高基层消防应急能力。精准排查治理危险化学品，强化源头管控，严禁淘汰落后产能异地落户，提升行业安全水平。[2] 找准问题提前排查化解风险，开展双重预防机制建设应用专项执法，组织产业园区双重预防安全风险评估，推动双重预防机制建设巩固成果、提质扩面增效。此外，修订完善河南省总体应急预案和防汛专项预案。健全各类灾害快速研判响应制度，完善应急研判响应程序，分级分类制定应急响应指令，明确各类事故灾害的应急响应主体、内容和启动条件，建立巨灾应对救助机制。推进中原城市群智慧气象服务工程，提升极端天气气候防灾减灾预警预报和服务保障能力。筹建省级森林消防救援队伍，省级重点支持建设30支专业应急救援队伍和50支社会救援队伍。推进全省6个区域性综合应急救援保障基地建设，加快市级库、县级库和乡镇存储点建设，建立实物储备、协议储备和产能储备等多种方式相结合的四级应急物资储备体系，将出台河南省突发事件应急保障条例。完善基层应急救援体系建设，建立乡镇(街道)"1+4"

---

〔1〕 参见河南省生态环境厅法规处：《河南省生态环境厅关于2022年度法治(法治政府)建设情况的报告》，载河南省生态环境厅网，https://sthjt.henan.gov.cn/2023/01-28/2678794.html，访问日期：2023年8月1日。

〔2〕 参见张海涛：《河南：狠抓重点领域治理坚决遏制重特大事故发生》，载中国网，http://aj.china.com.cn/html/df/henan/20200917/7594.html，访问日期：2023年8月1日。

(应急管理委员会和应急办、应急救援队、物资储备库、应急指挥平台)和村级"1+3"(安全劝导站和安全劝导员、灾害信息员、民兵应急救援队伍)应急救援体系,实现应急救援资源共享共用,提升灾害初期响应能力,有效打通应急管理"最后一公里"。[1]

(2)信访工作制度体系不断完善。2022年5月1日,《信访工作条例》正式实施。该条例全面吸收国务院2005年修订实施的《信访条例》内容,系统总结整合党的十八大以来信访工作制度改革成果,并从以下四个方面形成了较好的创新。第一,贯彻习近平总书记关于加强和改进人民信访工作的重要思想,将党对信访工作的领导写入法规。第二,从国务院《信访条例》仅适用于行政机关,扩展到党的机关、人大机关、行政机关、政协机关、监察机关、审判机关、检察机关,以及群团组织、国有企事业单位等所有开展信访工作的主体,实现信访工作领域全覆盖。第三,进一步理顺了信访工作体制和格局,党委统一领导、政府组织落实、信访工作联席会议协调、信访部门推动、各方齐抓共管,固化提升一系列制度机制,如网上受理信访、诉访分离、多元化解、督查、考核、三项建议等。第四,构建起较为完整的信访工作监督体系,丰富了监督手段,强化了监督力度,为信访工作平稳运行提供了有力保障。[2]

河南省努力提升信访工作质效,营造安全稳定的社会环境。一是源头治理控增量。坚持和发展新时代"枫桥经验",加强访源治理,把信访工作融入社会治理体系,把信访制度优势转化为社会治理效能。二是集中攻坚减存量。定期对重复信访积案进行大起底,梳理建账。三是夯实责任防变量。以充分发挥信访工作联席会议协调职能为抓手,推动信访工作责任落实全覆盖,强化事权、条块结合,责任明确到人。[3]

(四)进一步落实政府法律顾问制度

2015年河南省印发《河南省人民政府关于印发河南省政府法律顾问工作暂

---

[1] 参见吴忠华:《以安全高水平保障发展高质量》,载中国安全生产网,http://www.aqsc.cn/zhuanti/202202/09/c153092.html,访问日期:2023年8月1日。

[2] 参见《〈信访工作条例〉来了!送上门的群众工作,河南这样做》,载河南省人民政府网,http://m.henan.gov.cn/2022/05-17/2450163.html,访问日期:2023年8月1日。

[3] 参见郅晓峰:《强化源头预防化解 提高信访工作质效》,载《法治日报》2022年7月20日,第2版。

行规定的通知》，明确要求“县级以上政府、设区的市级以上政府工作部门应当于2016年12月底前建立和实施政府法律顾问制度，执法涉法事务多的县级政府工作部门应当于2017年12月底以前建立和实施政府法律顾问制度。”[1]这为规范政府法律顾问工作、推进依法行政、建设法治政府提供了制度保障。至2018年，河南省已经通过积极落实科学民主决策，严格规范行政执法，推动行政决策法治化的实现。例如，新乡市政府出台了《新乡市政府法律顾问考核办法》和《关于进一步加强政府法律顾问管理工作的通知》，要求聘请单位必须建立法律顾问的日常工作情况台账，对法律顾问的工作试行评分制考核，并将考核结果作为法律顾问评优和续聘、解聘的依据，充分发挥了政府法律顾问的“外脑”作用。[2]

总而言之，建设服务型政府，实现全面依法行政成为法治河南实践的重要内容；进一步改革政府机构、转变政府职能，不仅是提高政府效能的必然要求，也是增强社会发展活力的必然要求。河南省已经全面开展依法行政责任目标考核工作，取代了以往单纯的“行政执法责任目标考核”，这表明河南省的行政执法考评工作正在完善。法治河南建设将民众特别关注的民生问题领域作为依法行政、建设服务型政府的工作重心，致力于“急民之所急，想民之所想”，提升了人民的生活水平。

河南省在法治政府、行政体制改革方面取得了一定成果，充分体现执法为民的本质要求，真正把人民群众的根本利益作为出发点和归宿。河南省政府致力于运用科学、合理的法律手段重新配置和确认行政执法权力，规范行政执法行为，防止行政执法权的滥用；符合国务院《全面推进依法行政实施纲要》对行政执法体制改革的要求，形成了有利于维护人民群众根本利益的行政执法体制，形成了有利于解放和发展生产力的法律秩序。

二、河南省司法系统司法能力的建设实践

河南省司法系统紧紧围绕“努力让人民群众在每一个司法案件中感受到公

---

〔1〕参见《河南省人民政府关于印发河南省政府法律顾问工作暂行规定的通知》，载河南省人民政府网，https://www.henan.gov.cn/2015/12-24/239361.html，访问日期：2023年8月1日。

〔2〕参见《新乡市进一步加强政府法律顾问制度建设》，载河南省人民政府网，https://www.henan.gov.cn/2017/05-19/373356.html，访问日期：2023年8月1日。

平、正义”的工作目标,始终坚持司法为民、公正司法,忠实履行宪法和法律赋予的职责,充分发挥审判职能和法律监督职能,全力服务河南经济社会发展大局。早在 2014 年,河南省法院系统共受理各类案件 813,094 件,同比上升 28.04%;审执结 678,416 件,同比上升 13.55%,收结案数均创历史新高。其中,审结刑事案件 68,434 件,判处犯罪分子 84,693 人;民事案件 434,902 件,诉讼标的金额 881.51 亿元;行政及国家赔偿案件 15,453 件;减刑假释案件 27,031 件;执结案件 123,959 件,执结标的金额 402.48 亿元。[1] 到 2018—2022 年,全省法院受理各类案件 1040.6 万件,审执结案件 1028.8 万件(2018—2022 年案件收、结案趋势如图 3-1[2]所示)。5 年间共审结一审知识产权案件 63,709 件,年均增长 26.4%,出台了涉中小微企业办案指引等一系列指导意见,为企业健康发展营造良好发展环境。[3]

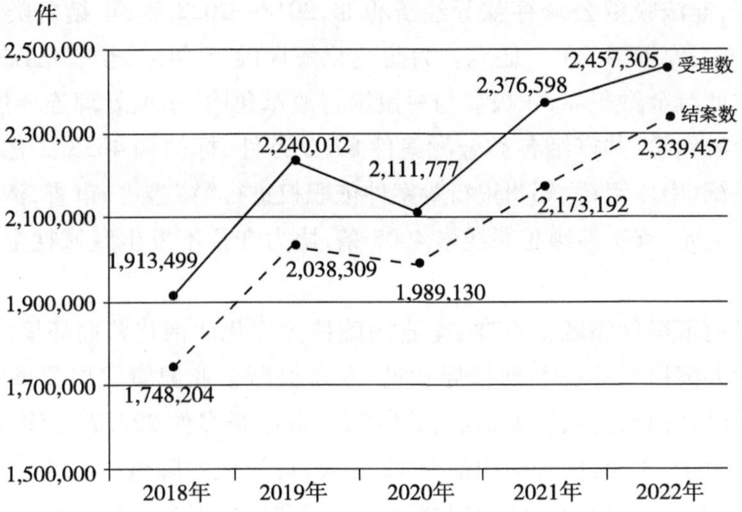

图 3-1　2018—2022 年案件收、结案趋势

注:含刑事、民事、行政、执行、其他及一审、二审、申请再审、再审等各类案件。

---

〔1〕 参见《河南省高级人民法院工作报告解读》,载河南省高级人民法院政务网,https://www.hncourt.gov.cn/zt/lianghuibg/,访问日期:2023 年 8 月 1 日。

〔2〕 参见段伟朵:《河南省高院工作报告中的“经济元素”》,载快资讯,https://www.360kuai.com/pc/9518ba0045cbb87e3?cota=3&kuai_so=1&sign=360_57c3bbd1&refer_scene=so_1,访问日期:2023 年 8 月 1 日。

〔3〕 参见《一图速览河南省高级人民法院工作报告》,载搜狐网,http://news.sohu.com/a/629828547_121434694,访问日期:2023 年 8 月 1 日。

（一）充分发挥法院审判职能，使民众感受公平正义

在刑事案件方面，河南省司法系统极为关注对稳定秩序、和谐社会的维护，积极参与平安河南建设，尤其依法严厉打击杀人、绑架、涉黑、涉恶等严重暴力犯罪。2023 年河南省高级人民法院工作报告显示，2018—2022 年，河南法院从重从快惩治间谍、邪教等犯罪，严厉打击杀人、抢劫、毒品等犯罪，审结案件 31,364件 36,592 人，暴力犯罪、毒品犯罪连续 3 年下降。过去 5 年共审结一审涉黑恶案件 2927 件 20,700 人，聚众斗殴、寻衅滋事、欺行霸市等犯罪自 2021 年起大幅下降。[1]

随着河南经济发展和金融市场的活跃，集资诈骗、网络诈骗逐渐成为危害人民财产安全的重大经济犯罪种类。河南省司法系统与时俱进，依法严厉打击集资诈骗，非法吸取公众存款等经济犯罪，2018—2022 年，审结各类金融案件 87.2 万件，标的额 4633.2 亿元。为防范化解风险，5 年来，全省法院依法严惩涉伊川农商行金融犯罪，积极参与村镇银行改革化险，审慎处理连环担保、网络借贷等金融纠纷，共审结各类金融案件 87.2 万件，标的额 4633.2 亿元。对涉农信社系统、中原银行、郑州银行等案件依职权进行“穿透式”审查，清收不良资产 524.7 亿元，移送涉嫌犯罪线索 4005 条，协力守住不发生区域性金融风险底线。[2]

在民商事案件领域，5 年来，全省法院持续优化法治化营商环境，出台涉中小微企业办案指引等一系列指导意见，发布保障企业健康发展典型案例 1578 个，助企纾困解难，提振发展信心，共审结一审涉企案件 222.7 万件，2022 年平均审理用时 45.3 天，比全国均值短 12.3 天，诉讼成本降低 17.2%，郑州、洛阳营商环境相关司法指标获评全国“标杆”。健全以公正为原则的产权保护制度，审结涉企物权、股权、数据产权等案件 42.7 万件，对 799 名被刑事公诉的企业经营者变更强制措施，对黄爱英等 41 名企业经营者依法宣告无罪。审结买卖、承揽等合同纠纷案件 122.3 万件，弘扬契约精神，维护合法交易。依法合理调

〔1〕 参见《一图速览河南省高级人民法院工作报告》，载搜狐网，http://news.sohu.com/a/629828547_121434694，访问日期：2023 年 8 月 1 日。

〔2〕 参见段伟朵：《河南省高院工作报告中的“经济元素”》，载快资讯，https://www.360kuai.com/pc/9518ba0045cbb87e3? cota = 3&kuai_so = 1&sign = 360_57c3bbd1&refer_scene = so_1，访问日期：2023 年 8 月 1 日。

降民间借贷利率,制裁职业放贷行为,打击隐藏其中的“套路贷”、非法集资等违法犯罪,民间借贷过度“繁荣”、民间资本“脱实向虚”得到遏制,民间借贷纠纷2019年触顶回落,降幅16%,缓解中小微企业融资难融资贵问题。[1]

2018年,河南省高级人民法院制定了《优化营商法治环境服务中原更加出彩的指导意见》,并且会同省检察院为保障民营企业合法权益出台了30条措施,公布了保护非公有制经济十大典型案例,体现了平等公正对待各种所有制企业的鲜明态度。[2]

河南法院还紧紧围绕“三区一群”建设和农村脱贫、国企改革、发展转型,出台了50余项服务举措,审结相关案件8.3万件,护航中央、省委重大决策部署顺利实施。在国企改革方面,河南法院积极参与“三煤一钢”等企业重整重组工作,审执结相关案件2.2万余件。[3]

此外,在助推治理体系和治理能力现代化方面。为助力法治河南建设,2022年全省行政机关负责人出庭应诉率82%,是2018年的2.8倍。融入基层社会治理,积极参与“三零”创建,111.3万件纠纷化解在诉前,因地制宜打造“枫桥式人民法庭”,就地高效化解纠纷254.3万件。向有关部门、行业发出司法建议1145份。引领法治文明风尚,用典型案例弘扬社会主义核心价值观。[4]

(二)完善制度建设,推进司法改革

在过去的几年中,河南省司法系统牢固树立大局意识、为民服务意识,积极探索新型工作方法和服务途径,努力做到司法服务与社会发展的进程相适应,确保经济社会建设依法和谐推进。河南省司法系统的工作改革更加具有了创新性和实效性,始终围绕司法公正这一法治生命线,持续加强司法公信力建设。

---

[1] 参见段伟朵:《河南省高院工作报告中的“经济元素”》,载快资讯,https://www.360kuai.com/pc/9518ba0045cbb87e3? cota = 3&kuai_so = 1&sign = 360_57c3bbd1&refer_scene = so_1,访问日期:2023年8月1日。

[2] 参见河南省社会科学院课题组:《河南法治发展:成效与展望(2019)》,载周立、张林海主编:《河南法治发展报告(2019)》,社会科学文献出版社2019年版,第9页。

[3] 参见《张立勇向河南人大报告工作 积极履职尽责　着力提升公信》,载《人民法院报》2018年1月27日,第1版。

[4] 参见周青莎:《为现代化河南建设提供坚实有力司法保障——省高级人民法院工作报告解读》,载河南省人民政府网,https://www.henan.gov.cn/2023/01-15/2673572.html,访问日期:2023年8月1日。

1. 全面推行立案登记制

近年来，河南省一直努力推进智慧法院建设，2023 年全省法院电子诉讼总量稳居全国前两位。全面推行网上立案、跨域立案、“容缺”立案，当场立案率98.6%。[1] 2023 年 1 月发布的《河南法院诉讼服务标准化建设指南》（以下简称《标准化建设指南》）表明全省法院现代化诉讼服务体系建设成果显著。

（1）全面建成现代化诉讼服务网络。全省 185 家法院和 693 个人民法庭全部实现网上立案、自助立案、跨域立案。5 年来，全省法院累计提供线上服务2370 万余件次，网上立案、交费、调解、送达等多项服务总量居全国前列。

（2）积极构建全方位诉调对接机制。5 年来，全省法院通过多元解纷机制累计诉前化解纠纷 111.7 万件，为人民群众节省大量时间、精力和金钱成本。

（3）全力打造“简案快审”新格局。认真落实案件繁简分流、轻重分离、快慢分道要求，深入推进“分调裁审”机制改革，统一部署安装繁简分流软件，建立“系统算法 + 人工识别”分流机制，按照“1 + N + N”模式，由法官、助理、书记员组建 675 个速裁快审团队，对于分流的简单案件能调则调、能调快调，调解不成的适用小额诉讼、简易程序、督促程序、特别程序速裁快审，让当事人快速实现公平正义。

近 5 年，全省法院共分流速裁快审案件 196.8 万件，占一审民事案件总量的 40%。2022 年，全省法院共分流速裁快审案件 59 万件，占一审民事案件总量的 50%，平均审理期限 29.89 天，比一审民事案件平均审理期限短 15.36 天。

（4）持续提升诉讼服务能力水平。持续推进减事项、减证明、减环节、减次数、减时间，累计发布 50 项爱民服务实践承诺。针对特殊群体诉讼难、起诉找人难，专门下发《关于在各级法院诉讼服务中心设立老年人、残疾人、军人、孕妇“绿色通道”的通知》《关于为民事诉讼原告、代理律师提供已涉诉被告住址信息查询服务的通知》。下发《关于当事人申请执行和再审立案不再提交裁判文书生效证明的通知》，由各级法院专人查询打印。

为巩固提升河南省诉讼服务品质，法院组织部分中、基层法院编写《标准化建设指南》。《标准化建设指南》分为诉讼服务标准、内部工作标准两部分，以问

[1] 参见周青莎：《为现代化河南建设提供坚实有力司法保障——省高级人民法院工作报告解读》，载河南省人民政府网，https://www.henan.gov.cn/2023/01-15/2673572.html，访问日期：2023 年 8 月 1 日。

答形式,对多元解纷、立案服务、审判辅助、分调裁审、涉诉信访以及诉讼服务中心建设、司法礼仪、防范虚假诉讼、优化营商环境、突发状况处置、婚姻家庭等法律知识、工作要求、基本技能和处理方法进行系统梳理、分类汇总,共 28 章,2800 余条问答,67 万字。[1]

2. 司法人员分类管理初见成效

河南省法院、检察院系统均根据中央司法改革精神要求,积极推进人员分类管理,优化司法资源配置,司法人员分类管理工作已初步实现既定改革模式要求。2018 年,河南省建立了法官员额动态调控机制,“增补员额法官 842 人,退出 328 人,现实有员额法官 7316 人,占总编制的 36.1%”,[2] 员额法官的职业保障也获得逐步落实,相应的法官司法责任追究制度逐渐完善。

(1)严格司法人员入额与退出机制。以郑州市法院系统为例,郑州市法官系统严格法官入额程序,尤其是严格控制领导成员入额比例,确保最优秀的法律专业人员入额法官队伍。经过严格的考试与考核程序,2017 年 5 月,郑州市全市法院系统首次入额法官 728 名,其中基层法院首次入额法官 574 名,郑州市中级人民法院首次入额法官 154 名。同时,严格入额法官退出机制。截至 2018 年 12 月,郑州全市法院系统退出员额法官 51 名,其中个人申请退出 15 人,调离审判工作岗位 3 人,调出法院系统 17 人,退休 10 人,辞职 3 人,受处分退出 3 人。

目前,郑州市法院系统现有员额法官 677 名,占政法编制的 36.18%,其中,郑州市中级人民法院现有员额法官 144 名,占政法编制的 34.45%。此外,为了保持入额法官队伍的持续稳定,根据河南省法院统一部署,稳步推进法官缺额增补工作。仍然以郑州市法院系统为例,在核算员额时,河南省法院对郑州市法院系统予以倾斜,郑州市两级法院本次可使用员额数 139 名。[3]

(2)积极推行“办案须入额,入额须办案”的新型司法权运行机制。以郑州市法院系统为例,自 2017 年 8 月 8 日起,郑州市法院系统未入额法官一律不再

---

〔1〕 参见《河南高院发布五年来现代化诉讼服务体系建设成果及〈河南法院诉讼服务标准化建设指南〉》,载腾讯网,https://new.qq.com/rain/a/20230111A06LHQ00.html,访问日期:2023 年 8 月 1 日。

〔2〕 参见河南省社会科学院课题组:《河南法治发展:成效与展望(2019)》,载周立、张林海主编:《河南法治发展报告(2019)》,社会科学文献出版社 2019 年版,第 10 页。

〔3〕 但课题组调研得知,此次增补员额,除郑州市中级人民法院报名人数较多外,基层法院普遍较少,郑州市辖区 14 个基层法院中,竟然有 6 个基层法院报名人数达不到 1:1:1 的比例,共相应核减员额 33 名,其中金水区人民法院最为明显,原本可使用员额 33 名,却仅有 16 人报名。

分配案件,并基本按照1:1:1的比例为入额法官配备法官助理和书记员。但目前法官助理与书记员岗位工作,人员缺口较大。特别是部分基层法官,如郑州市金水区人民法院,由于人均办案数量较大,配备的书记员比例较高,高达1:1:4。事实上,受政法编制所限,整个郑州市法院系统编制法官助理缺口均较大,即便是郑州市中级人民法院也仅有政法编制法官助理77名,且50岁以上的有35名,占比45%,也难以形成科学合理的法官培养梯队。[1]

近年来,河南省高级人民法院高度重视员额法官遴选工作和基层案多人少矛盾突出的问题,结合每年全省法院预留或员额法官空缺情况,常态化开展法官遴选工作,有效解决基层案多人少矛盾,使全省法院法官空余员额得到及时补充,较好地满足了全省法院审判执行工作的需要。到2023年1月,共组织5批员额法官遴选,共遴选员额法官8275名。但至今,仍面临"案多人少"影响案件审判质效提升的困境,增加员额法官编制、完善法官员额制势在必行。[2]

根据调研了解到,2018年1月至11月,郑州市中级人民法院副庭长人均结案219件,结案比105.75%(占全员法官平均结案数);庭长人均结案191件,结案比92.07%,院领导入额后人均结案133件,结案比64.29%,真正实现了院庭长办案常态化、规范化与制度化。

人民陪审员制度也进行了改革。2015年4月,安阳市中级人民法院、郑州市中原区人民法院等5个法院被确定为全国人民陪审员制度改革试点单位。两年多来,试点法院陪审员参与审理各类案件11,899件,服判息诉率达90.8%,比全省平均值高出6个百分点,受到最高人民法院、河南省委、省人大高度评价。[3] 改革中,河南法院认真落实改革要求,改进陪审员选任方式,由组织推

---

〔1〕 当然,解决此问题的方式也可以进行开放式探讨,可以大量吸收社会力量从事法官助理或书记员工作。例如,郑州市中级人民法院向东约7公里处即是河南财经政法大学所在地,该校法学教育资源丰富,可为郑州市中级人民法院甚至全省各级人民法院提供大量的法官助理或书记员工作。但主要问题是,应当加强河南财经政法大学与郑州市中级人民法院甚至是河南省人民法院的沟通交流,并为此达成切实可行的合作协议。在法学专业学生(包括本科生与研究生)在相应法院实习期间,该院可以设置一定的考核机制,并相应提高实习生待遇。例如,可以考虑经考核合格,实习工作期间可计入本人工龄,薪酬可比照刚入职的政法编制人员的一半计算等。

〔2〕 参见高利国:《代表"新"声丨省人大代表胡剑南:增加员额法官数量 提升案件审判质效》,载河南人大网,https://www.henanrd.gov.cn/2023/01-16/152118.html,访问日期:2023年8月1日。

〔3〕 董景娅、李鹏飞:《全面深化司法改革的河南实践》,载《河南法制报》2017年7月27日,第3版。

荐产生向随机抽选转变;改革陪审方式,陪审员不再审理法律适用问题,而是仅就事实问题进行审理;加大参审力度,案件由3名法官与4名或6名陪审员组成大合议庭,陪审员只参与审理案件事实,不参与审理法律适用。法官和陪审员可以分组评议,按照合议庭多数意见做出认定。[1] 河南在完善人民陪审员制度方面的改革,让更多普通民众走近司法、监督司法,提高了司法裁判的社会公信力。

3. 积极探索多元纠纷解决机制

积极构建全方位诉调对接机制。坚持把非诉讼纠纷解决机制挺在前面,指导中、基层法院积极参与融入党委领导的诉源治理体系,大力推进人民法院调解平台"进乡村、进社区、进网格",持续加强类型化纠纷诉调对接机制建设,先后与河南省总工会、河南省工商联、河南省侨联、国家金融监督管理总局河南监管局、河南省证监局、河南省人社厅、河南省市场监管局等11个省直主管部门对接,专门调解劳动争议、涉企、涉侨、金融、保险、证券、道路交通、知识产权等类型化纠纷,不断丰富解纷资源"菜单库"。郑州、开封、焦作等地法院先后创建"封调禹顺""和顺中原""宋付振工作室""郭大姐调解室""冬香好妈妈"等知名调解品牌。5年来,全省法院通过多元解纷机制累计诉前化解纠纷111.7万件,为人民群众节省大量时间、精力和金钱成本。

4. 加强"府院联动"机制,推进行政争议实质性化解

行政机关负责人出庭应诉制度是具有中国特色的行政诉讼制度,是法治政府建设的重要环节,是推进国家治理体系和治理能力现代化的重要举措。不断增强"府院联动"工作机制,推进行政争议实质化解的河南经验。2021年9月,河南省政府下发《河南省行政机关负责人出庭应诉工作规定》。在2022年河南省委办公厅、省政府办公厅印发的《关于进一步加强和支持行政审判工作的意见》中,对"加强府院联动"工作提出了"加强行政执法、行政复议工作与人民法院行政审判工作的对接,形成衔接顺畅、信息共享"的良性互动机制。

截至2022年年底,河南全省所有市县均建立了"府院联动"工作机制。全省390起涉党政机关应金钱给付的生效判决,381件已主动履行,到位金额3.68亿元,其余9件已达成和解并纳入财政预算;612件征拆赔偿判决行政机关均已自觉履行,履行金额9260.21万元;责令行政机关作出行政行为的356件案件全部执行到位,此类案件已形成"零强制"的良性循环。

---

[1] 参见周青莎:《人民陪审员更有"存在感"》,载《河南日报》2017年6月21日,第5版。

2020—2022 年河南全省法院行政机关负责人出庭应诉率情况如图 3－2 所示。

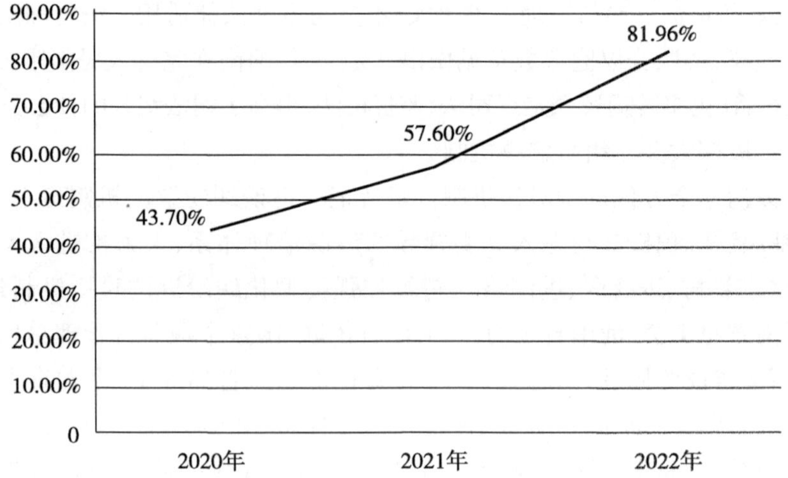

图 3－2 2020—2022 年河南全省法院行政机关负责人出庭应诉率情况

其中,2022 年度河南全省行政机关负责人出庭应诉率达到 81.96%,同比上升 24.36%,一审行政机关负责人出庭应诉案件共上诉 4509 件,占比 49.48%,较全省一审行政案件上诉率 52.07% 低近 3 个百分点,二审行政机关负责人出庭应诉案件共申请再审 707 件,占比 20.09%,大幅低于全省二审行政案件申请再审率 34.02%。究其原因在于:一方面,行政机关负责人与涉诉群众当面沟通,增进干群关系,有利于及时消解矛盾隔阂;另一方面,通过出庭应诉这一形式,督促行政机关负责人深入了解案情,积极准备应诉,促进矛盾纠纷得到实质性化解。在"府院联动"的有力推进下,河南全省新收一审行政诉讼案件 16,264 件,同比减少 25%,多地征地拆迁、养老保险支付等群体性诉讼高发领域实现"零诉讼";平均审理时长 63.3 天,调撤率同比提高 3 个百分点,上诉率同比降低 4.18 个百分点,群众更加相信法院,自觉服从判决。[1]

行政争议解决得公正与否,直接关系到公平正义的实现和社会的长期稳定。"和顺中原"一站式多元解纷机制在全国影响深远。2023 年 2 月,时任最高人民法院院长周强在第六次全国行政审判工作会议上强调,要不断提高行政

〔1〕 李继红、赵栋梁:《河南高院"府院联动"推进行政争议实质化解的探索与思考》,载《人民法治》2023 年 3 月下总第 150 期。

案件办理质效,努力推动行政争议实质性化解。全国各级法院要深入解析"和顺中原"常态化"府院联动"机制的创新实践,以诉源治理为指导、以定分止争为导向、以案结事了为目标,积极整合行政、司法资源,通过"府院联动"凝聚强大合力,为推动行政争议实质性化解工作依法、规范、高效运行,积极服务法治国家、法治政府、法治社会一体建设探索新经验实现新进步。[1] 积极落实行政负责人出庭应诉制度,对于规范行政执法行为和实质性化解行政争议,具有重要意义。

5. 规范司法权力运行机制

以河南法院系统为例,河南省在新型审判团队组建、办案机制完善、裁判文书签署制度落实、专业法官会议制度建立运行、审判委员会改革、院庭长如何行使监督管理职权等方面扎实推进规范司法权力运行机制。

(1)探索司法流程管控机制。传统上,有悖司法责任制推行的一个重要诟病即是司法人员对案件的久拖不决,任凭案件当事人如何在焦急等待中煎熬。为了遏制此种严重不负责的现象发生,河南省一些司法机关积极探索监督管理的新机制,加强司法流程管控。我们课题组在调研中了解到,郑州市中级人民法院办理案件,要求案件从立案到归档的全过程的节点均须向案件当事人同步推送信息。同时,严格控制案件的办案期限,延长期限一律经主管院领导审批。明确监督审查范围,对于严重超期、发生舆情炒作、引起国家赔偿等情形的案件,实行从政治、经济、业务等方面开展"廉政体检"的"三审查"制度。监督管理新机制的探索,其核心在于强化责任意识,将司法人员的工作重心聚焦于司法业务。

(2)细化绩效考评体系。我们课题组在调研中了解到,河南省相关司法机关不断细化绩效考评体系,以便最大限度地落实司法责任制。例如,郑州市中级人民法院细化绩效考评体系内容,全面加强司法人员业绩考核管理,先后发布6个环环相扣、相互支撑配套的改革文件。一是制定《内设机构定责定岗定员暂行方案》,调整各部门岗位、职责、人员,对人力资源合理分布,对各部门职责、岗位和法官、助理、书记员等各类人员配置进行调整。二是制定《人员定岗及双向选择实施方案》,实行人员定岗和双向选择制度,推进审判资源优化配置。除中层正副职、法警支队干警、事业编制和工勤编制人员外,法官、法官助理、书记员(包括聘任制)、司法行政人员共476人全部参与双向选择。三是制

---

[1] 参见杨梦娇:《"和顺中原"为实质性化解行政争议蹚出了新路子》,载《人民法院报》2023年2月20日,第1版。

定《电脑随机分案暂行规定》,推行专业化审判下的电脑随机分案制度,实现审判业务部门收案均衡。坚持专业化审判,明确规定涉未成年人案件、知识产权案件、环境资源案件、破产案件及破产衍生诉讼案件等七大类案件由少年审判庭、知识产权庭等业务庭集中审理。将20个审判业务部门分成立案一组、立案二组、刑事审判组、行政审判组、审监审判组、执行组和两个民事审判组。四是制定《办案标兵评选奖励办法(试行)》,建立办案标兵评选制度,激励办案能力强者多办案。按月度、季度和年度评选法官、执行员办案标兵和审判辅助标兵,并予以表彰奖励。五是制定《法官、执行员绩效考评暂行办法》,推行以效率优先为导向的绩效考核制度,公平公正评价法官业绩。紧紧围绕案件质效,设定工作量、审判质量、审判效率、审判规范、审判效果5个指标体系,在每个指标体系下设立若干分指标,并确定相应分值,树立了鲜明的效率优先、保障质量、兼顾效果的考核导向。六是制定《业务经费预算管理暂行办法》,推行与办案得分挂钩的预算经费核定制度,探索多劳多得,少劳少得机制。将办案得分和业务经费使用额度结合起来,办案越多,经费越多。

6. 在人民群众最关心的司法困境上攻坚克难

(1)长久以来,判决执行难的问题深刻阻碍着司法权威的树立。作为最高人民法院确定的率先解决执行难省份,河南省下定决心,敢于攻坚克难,决定用两年时间基本解决执行难问题。河南各级法院建立了网络化查控系统,共查冻存款273.2亿元、土地2.2万宗、房产11.6万套;同时加大曝光力度,累计将87.7万人纳入全国法院"黑名单"。据统计,在2016年,河南省共执结各类案件24.9万余件,执结标的金额1224.1亿余元,41.7万余名"老赖"被纳入全国法院失信被执行人名单,执结案件数、执结标的额同比分别上升46.5%、75.1%,案件执结率达到77.8%,27个基层法院实现了"无执行积案"目标。全年共司法拘留1.8万余人;罚款6824.8万元;判处拒绝执行犯罪分子1244人,判刑人数是2015年的3倍多,居全国法院第一位。[1] 为在判决执行工作中争取多方支持,汇聚强大合力,体现司法为民,河南各级党委、政府调动一切力量,共克执行难题。2018年,河南省"基本解决执行难"工作进入冲刺阶段,信息化手段被大量运用,执行效率大大提升,"累计网上冻结存款261.8亿元、证券107.4亿股,查封房产2.9万套。集中开展'涉民生案件执行''涉特殊主体案

[1] 参见张林海主编:《河南法治发展报告(2017)》,社会科学文献出版社2018年版,第6页。

件清理’‘强制腾房’等专项活动,罚款8884万元,搜索1.1万人次,拘留3.2万人,以拒执罪判处刑罚2149人”。[1] 河南法院还全面推行案件全流程网上办理,实现了执行行为全程监控、留痕,解决了执行乱、执行消极的问题。

此外,破解执行难促进重信守诺。2022年,执结案件334.8万件,执行到位5439.2亿元,结案平均用时从2018年的147.1天缩短至72.1天。全面推行智能化执行,网上协作查控657.8万件次,网上拍卖成交额855.6亿元,为当事人节省费用27.5亿元。从严打击规避执行、抗拒执行,纳入失信名单265.5万人次,对13.6万个履行义务的企业和个人恢复信用,最大限度地激发守信意愿。[2]

(2)拖欠进城务工人员工资的案件也是社会大众关注的焦点。从2010年3月起,河南法院连续8年开展拖欠进城务工人员工资案件集中办理活动,积极推行上门立案、电话预约立案、巡回办案,主动深入建筑工地、厂矿企业帮助寻找证据,依法免除困难务工人员的诉讼费、执行费,其间共审结80,637件农民工讨薪案件,为15.5万余名外出务工人员追回劳动报酬62.5亿元。[3] 坚持人民至上,维护公平正义。高度重视涉民生案件审理,2017—2022年,5年间帮助农民工追回劳动报酬49.6亿元。缓减免诉讼费2.1亿元,发放救助金4.7亿元。[4]

(3)为积极回应人民群众对美好生活的新期望,河南省在生态环境保护、食品药品安全、国有财产保护、国有土地使用权出让方面的公益诉讼取得初步成效。在办理传统法定领域案件的同时,积极稳慎开展英烈权益保护、未成年人保护、军人地位和权益保护、安全生产保护、个人信息保护、文物文化遗产保护等新领域探索,取得了良好效果。2021年,全省共立案5679件,其中生态环境和资源保护领域3631件,占比63.9%;食品药品安全领域915件,占比16.1%;

---

〔1〕 参见河南省社会科学院课题组:《河南法治发展:成效与展望(2019)》,载周立、张林海主编:《河南法治发展报告(2019)》,社会科学文献出版社2019年版,第9~10页。

〔2〕 参见周青莎:《为现代化河南建设提供坚实有力司法保障——省高级人民法院工作报告解读》,载河南省人民政府网,https://www.henan.gov.cn/2023/01-15/2673572.html,访问日期:2023年8月1日。

〔3〕 参见史林静:《河南连续8年为农民工讨薪62.5亿元》,载中华网,https://henan.china.com/news/yw/11185132/20180131/25171302.html,访问日期:2023年8月1日。

〔4〕 参见周青莎:《为现代化河南建设提供坚实有力司法保障——省高级人民法院工作报告解读》,载河南省人民政府网,https://www.henan.gov.cn/2023/01-15/2673572.html,访问日期:2023年8月1日。

国有财产保护领域 115 件，占比 2.0%；国有土地使用权出让领域 26 件，占比 0.5%；新领域案件数量继续增长，立案 989 件，同比上升 48.9%，占比由 2020 年的 13.7% 上升到 2021 年的 17.4%。提起诉讼的 467 件案件中，生态环境和资源保护领域 264 件，占比 56.5%；食品药品安全领域 154 件，占比 33.0%；新领域及其他案件 49 件，占比 10.5%；除国有财产保护和国有土地使用权出让领域稍有下降外，其他领域案件数量均有大幅增长。[1]

2021 年，河南全省检察机关共受理公益诉讼案件线索 7317 件，立案 5679 件，经过诉前程序办理 4385 件，向行政机关发出诉前检察建议 3718 件，行政机关纠正违法或履职 3688 件，整改率 99.2%，提起诉讼 467 件，法院已审结 379 件，其中 352 件案件检察机关的诉讼请求得到支持。办案数量持续上升。2021 年各项办案数据均有提升。与 2020 年相比，公益诉讼案件线索受理数上升6.5%，立案数上升 16.7%，经诉前程序办理案件数上升 22.5%，提起诉讼数上升 80.3%。市级院继续加大自立案件办理力度，全省 19 个市级院直接立案数上升 16.4%。[2]

2022 年，全省检察机关共立案办理公益诉讼案件 9100 余件。其中民事公益诉讼类立案近 900 件，行政公益诉讼类立案 8200 余件。以诉前程序办理公益诉讼案件 7500 余件。提起公益诉讼近 500 件。同期，法院一审裁判支持率 100%。通过公益诉讼督促保护、收回国家所有财产和权益 0.99 亿元；挽回、督促修复、清理林地、耕地、湿地、草原 3500 余亩；督促查处、回收假冒伪劣食品、假药、走私药品 60 余吨；督促清理固体废物、生活垃圾 28.4 万吨。[3]

（4）知识产权司法保护能力也得到了极大提升。知识产权审判既是司法改革的试验田，又是司法改革的排头兵。“全国首批进行知识产权审判‘三合一’试点的高级法院，就包括河南省高级人民法院；郑州市中级人民法院也是全国首批进行知识产权审判‘三合一’试点的中级人民法院。”[4] 为了适应建设中国（河南）自由贸易试验区、郑洛新国家自主创新示范区等改革发展的新形势、新

---

〔1〕 参见河南省人民检察院课题组：《河南省检察公益诉讼发展的总结与探索》，载王承哲主编：《河南法治发展报告(2023)》，社会科学文献出版社 2023 年版，第 118 页。

〔2〕 参见河南省人民检察院课题组：《河南省检察公益诉讼发展的总结与探索》，载王承哲主编：《河南法治发展报告(2023)》，社会科学文献出版社 2023 年版，第 119～120 页。

〔3〕 参见《2022 年全省检察机关主要办案数据》，载河南省人民检察院网，http://www.ha.jcy.gov.cn/jwgk/jctj/202303/t20230316_4049811.shtml，访问日期：2023 年 8 月 1 日。

〔4〕 参见李丽静：《河南深化司改　全面推行知识产权审判“三合一”》，载中国法院网，https://www.chinacourt.org/article/detail/2016/10/id/2317909.shtml，访问日期：2023 年 8 月 1 日。

要求，河南的知识产权司法保护水平正在同步提升，为实施创新驱动发展战略，推动产业优化升级，提供更好的司法保障和司法服务。

知识产权案件受理和审结情况如图3－3所示。2022年，河南省法院共受理各类知识产权案件20,509件，同比增长7.86%，审结19,962件，结案率97.34%，比2021年全年结案17,919件增加2043件，增幅11.41%。新收19,439件，其中一审案件17,372件，占89.37%；二审案件1763件，占9.07%；再审审查案件138件；再审案件19件；其他案件147件。在全省法院受理的20,509件知识产权案件中，民事案件19,918件、占97.12%，刑事案件579件、占2.82%，行政案件12件、占0.06%。（如图3－3所示）妥善审结了一批疑难复杂和具有重大影响的典型案件，"郑麦113"小麦植物新品种侵权案、"彩甜糯6号"杂交玉米亲本植物新品种侵权案、"鲁丽"苹果植物新品种侵权案、魏某华销售伪劣种子案入选全国法院第三批种业司法保护十五大典型案例；中交大建（西安）桥梁科技有限公司与浙江中隧桥波形钢腹板有限公司、周某商业诋毁纠纷案，入选"中国法院50件典型知识产权案例"。[1]

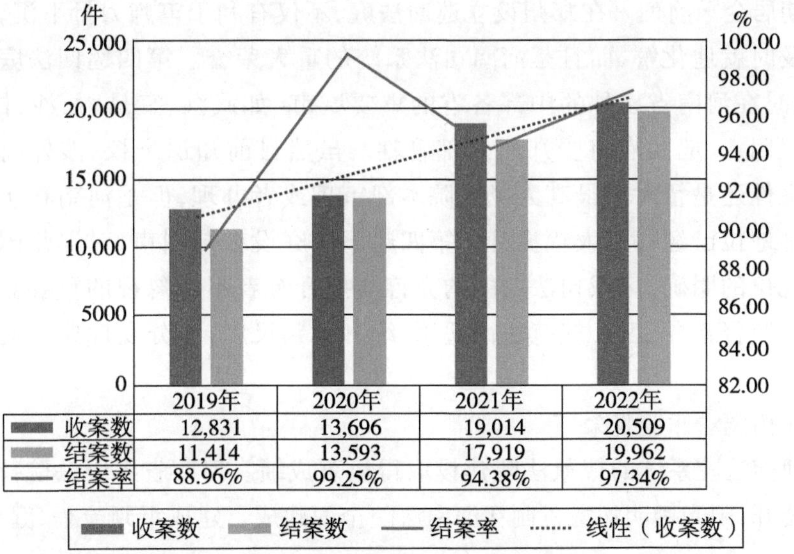

	2019年	2020年	2021年	2022年
收案数	12,831	13,696	19,014	20,509
结案数	11,414	13,593	17,919	19,962
结案率	88.96%	99.25%	94.38%	97.34%

图3－3　河南省法院知识产权案件收结案情况

〔1〕参见周青莎：《为现代化河南建设提供坚实有力司法保障——省高级人民法院工作报告解读》，载河南省人民政府网，https://www.henan.gov.cn/2023/01－15/2673572.html，访问日期：2023年8月1日。

为破解知识产权维权"举证难、周期长、赔偿低、成本高"问题，河南法院推行知识产权刑事、民事、行政审判"三合一"全覆盖。5年间，共审结一审知识产权案件63,709件；为持续优化法治化营商环境，共审结一审涉企案件222.7万件；经最高人民法院批准，设立了河南自由贸易试验区郑州片区法院及开封、洛阳片区综合法庭，共审结涉外、涉港澳台案件2744件，保障了对外贸易的公正与安全。其中，服务企业健康发展，出台涉中小微企业办案指引等一系列指导意见，助企纾困解难。服务供给侧结构性改革，有效发挥破产审判"拯救""出清"功能，审结重整、破产清算案件3256件，194家亿元以上规模企业重整成功，458家国有"僵尸企业"破产案件9个月内全部办结，盘活闲置资产57.8亿元。服务防范化解风险。服务绿色低碳发展，完善刑事制裁、民事赔偿与生态补偿有机衔接的环境修复责任体系。服务国防和军队现代化建设，涉军维权"河南经验"不断巩固发展。[1]

（5）最高人民法院第四巡回法庭已经设立在河南省郑州市，管辖河南、山西、湖北、安徽4省的有关案件。[2] 近年来，河南省经济社会发展较快，GDP总量长期居全国前列。在郑州设立巡回法庭，不仅有利于审判力量下沉，把矛盾纠纷及时就地化解，而且是河南司法系统的重大荣誉。第四巡回法庭常驻郑州，同时在河南省以外的中部各省的重要城市（如武汉、宜昌、长沙、株洲等）建立巡回点，巡回点将受郑州总部管辖。虽然目前知识产权、涉外商事等类型的案件还是暂时由最高人民法院本部审理或者办理，但是河南在全国司法版图中地位已经得到大幅提升。第四巡回法庭设在郑州市，对郑州国家中心城市地位的明确，区域司法功能的完善与提升有着不可忽视的重要意义。推进对下监督指导工作，规范法律适用，统一裁判尺度，充分发挥典型案例示范效应。

7. 拓宽法律监督渠道

河南法院系统的智慧法院建设取得显著成绩。河南省各级法院持续深化司法公开，阳光透明司法机制在河南法院全面建成。建成审判流程、庭审活动、

---

〔1〕 参见周青莎：《为现代化河南建设提供坚实有力司法保障——省高级人民法院工作报告解读》，载河南省人民政府网，https://www.henan.gov.cn/2023/01-15/2673572.html，访问日期：2023年8月1日。

〔2〕 参见丁小溪、杨维汉：《最高人民法院第四巡回法庭"落户"郑州》，载中国法院网，https://www.chinacourt.org/article/detail/2016/12/id/2496289.shtml，访问日期：2023年8月1日。

裁判文书、执行信息四大公开平台;累计上网裁判文书 403 万件,占全国的 9.9%;网上直播庭审 22 万件,占全国的 58%;发布审判执行信息 284 万条,微博粉丝数量 841 万人。[1] 通过新媒体技术拓宽司法公开渠道,有效提升了人民群众对司法工作进行监督的热情,有利于开展行之有效的舆论监督。

(三)立足检察机关职能,加强法律监督

河南省各级检察院立足检察职能,强化了法律监督。2018—2022 年,依法批捕各类犯罪嫌疑人 30.3 万人、起诉 63 万人,全面落实认罪认罚从宽制度,认罪认罚适用率达到 94.9%;做强民事检察,办案数量位居全国第一,更加注重精准监督;持续做实行政检察,化解行政争议 1708 件,促进案结事了政和;做好公益诉讼检察,立案办理案件 25,768 件,年均增长 56.2%。[2]

2018—2021 年,河南省刑事检察办案年均增幅 8.7%,连续三年居全国第二位,2021 年受理审查起诉 170,801 人,比 2018 年上升 28.5%。面对案件数量持续上升,全省检察机关克服办案压力,更加严谨细致、讲求质效,依法监督公安机关立案 742 件、监督撤案 1234 件;纠正漏捕 2873 人、纠正漏诉 2646 人,同比分别上升 41.7%、18.4%;对不构成犯罪和证据不足的不批捕 15,851 人、不起诉 1552 人,同比分别上升 20.5%、17.2%;对判决无罪、量刑畸轻畸重等提出刑事抗诉 497 件,同比上升 8.3%,让无罪的人得清白、有罪的人受追究。[3]

1. 严厉打击严重刑事犯罪

河南省检察系统与有关部门密切配合,深化严打暴恐活动、打黑除恶、“打非治违”专项行动,2015 年研究制定《办理邪教犯罪案件审查起诉工作指导意见》,与省高级人民法院、公安厅联合下发《黑社会性质组织认定证据参考标准(试行)》,批捕暴恐犯罪、黑社会性质组织犯罪等 205 人,严重暴力犯罪 3654

---

[1] 参见赵红旗:《河南省高院院长被掌声送回座位》,载《法治周末》2018 年 2 月 1 日,第 4 版。

[2] 参见周晓荷:《以检察工作现代化助推现代化河南建设——省人民检察院工作报告解读》,载河南省人民政府网,https://www.henan.gov.cn/2023/01-15/2673573.html,访问日期:2023 年 8 月 1 日。

[3] 参见《河南省人民检察院工作报告 2021 年》,载河南省人民检察院网,http://www.ha.jcy.gov.cn/jwgk/jcbg/202201/t20220118_3532118.shtml,访问日期:2023 年 5 月 1 日。

人,[1]有力地震慑了犯罪分子,大大增强了人民群众的安全感。

2018—2022 年,河南法院从重从快惩治间谍、邪教等犯罪,严厉打击杀人、抢劫、毒品等犯罪,审结案件 31,364 件 36,592 人,暴力犯罪、毒品犯罪连续 3 年下降。在三年扫黑除恶专项斗争中,河南法院审结一审涉黑恶案件 2254 件 16,481人,处置黑恶财产 140.4 亿元,首要分子、骨干成员均被科以重刑。聚众斗殴、寻衅滋事、欺行霸市等犯罪自 2021 年起大幅下降,黑恶犯罪在河南省得到有效遏制。为严惩侵害未成年人犯罪,5 年来,河南共审结拐卖、虐待等有关案件 16,618 件 22,708 人。依法惩处了"柘城 6・25 大火案""武术教练伤害儿童案"等犯罪分子,并及时向有关部门发出整治非法"武校"的司法建议。[2]

2. 加强诉讼活动中的人权保障

河南检察院坚决贯彻"疑罪从无"原则、非法证据排除规则,严防冤假错案,排除非法证据。"2022 年,全省检察机关共批准和决定逮捕各类犯罪嫌疑人 3.6 万人;不捕 3.7 万人,不捕率 50.8%。共决定起诉 11.6 万人,不起诉 3.7 万人,不起诉率 24.3%。"[3]检察院还制定了《河南省检察机关未成年人刑事检察工作十项规定》《河南省检察机关加强未成年人司法保护十条意见》,在全省统一设立了 10 个未成年人帮扶教育基地和 10 个未成年人刑事检察工作机制创新示范点。全省检察机关共对 340 名涉嫌轻微犯罪但有悔罪表现的未成年人决定附条件不起诉,促进失足的孩子回归家庭、学校和社会;并针对未成年人身心特点,注重关爱疏导,抚慰未成年被害人心理创伤。[4]

2017—2022 年,为加强人权司法保障,对 157,908 名犯有轻罪、认罪认罚的被告人依法判处非监禁刑或免予刑事处罚。对 308 名公诉案件被告人和 118 名自诉案件被告人依法宣告无罪。审结国家机关及工作人员行使职权造成损

[1] 参见《2015 年河南省人民检察院人大工作报告》,载河南省人民检察院网,http://www.ha.jcy.gov.cn/jczc/gzbg/201709/t20170926_2072380.shtml,访问日期:2023 年 5 月 1 日。

[2] 参见周青莎:《为现代化河南建设提供坚实有力司法保障——省高级人民法院工作报告解读》,载河南省人民政府网,https://www.henan.gov.cn/2023/01-15/2673572.html,访问日期:2023 年 8 月 1 日。

[3] 参见《2022 年全省检察机关主要办案数据》,载河南省人民检察院网,http://www.ha.jcy.gov.cn/jwgk/jctj/202303/t20230316_4049811.shtml,访问日期:2023 年 8 月 1 日。

[4] 参见《2015 年河南省人民检察院人大工作报告》,载河南省人民检察院网,http://www.ha.jcy.gov.cn/jczc/gzbg/201709/t20170926_2072380.shtml,访问日期:2023 年 5 月 1 日。

害的国家赔偿案件 19,969 件，均及时赔偿到位。[1]

3. 加大打击贪污贿赂犯罪力度

2015 年，河南省检察机关共立案侦查贪污贿赂犯罪 3110 人，依法严肃查处国家机关工作人员渎职侵权犯罪 1187 人。“在严肃查办国家工作人员受贿犯罪的同时，重视查办行贿犯罪行为，突出惩治‘围猎’干部、主动行贿、情节恶劣的不法分子和大肆行贿的买官者，组织开展查办行贿犯罪案件专项活动，查办行贿犯罪 431 件 461 人。加强行贿犯罪档案查询工作，受查询 35.3 万次，有力促进了社会信用体系建设。全省检察机关共依法追缴腐败分子犯罪所得及涉案财物 2.86 亿元”。[2]

（1）完善检察职能，严惩腐败犯罪。坚决支持、积极配合监察体制改革，完善职务犯罪查、判衔接机制，审结贪污贿赂等职务犯罪案件 4206 件 5079 人，依法追缴赃款赃物 36.3 亿元，王某运、卢某光、于某辉、高某象、李某民、鲁某、陈某恩等一批腐败分子被依法惩处，全国首例刑事缺席审判“红通人员”程某昌贪污案入选“2022 年度人民法院十大案件”。持续加大行贿犯罪惩治力度，判处罪犯 468 人，对行贿人判处罚金 1.1 亿元，助力不敢腐、不能腐、不想腐一体推进。[3]

（2）监督制约逐渐完善，推进开放透明检察工作。过去 5 年间，邀请代表、委员调研指导、监督办案 23,464 人次。聘请 15 名民主党派、工商联成员和无党派人士担任省检察院特约检察员。人民监督员监督办案 3135 件，实现“十大业务”监督全覆盖。[4]

---

〔1〕 参见周青莎：《为现代化河南建设提供坚实有力司法保障——省高级人民法院工作报告解读》，载河南省人民政府网，https://www.henan.gov.cn/2023/01-15/2673572.html，访问日期：2023 年 8 月 1 日。

〔2〕 参见《2015 年河南省人民检察院人大工作报告》，载河南省人民检察院网，http://www.ha.jcy.gov.cn/jczc/gzbg/201709/t20170926_2072380.shtml，访问日期：2023 年 5 月 1 日。

〔3〕 参见周青莎：《为现代化河南建设提供坚实有力司法保障——省高级人民法院工作报告解读》，载河南省人民政府网，https://www.henan.gov.cn/2023/01-15/2673572.html，访问日期：2023 年 8 月 1 日。

〔4〕 参见周晓荷：《以检察工作现代化助推现代化河南建设——省人民检察院工作报告解读》，载河南省人民政府网，https://www.henan.gov.cn/2023/01-15/2673573.html，访问日期：2023 年 8 月 1 日。

4. 进一步完善公益诉讼制度

河南全省检察机关办案领域从生态环境资源、食品药品安全等四大领域，拓展到英烈保护、文物保护、安全生产、个人信息保护等10多个领域，办案规模和质效持续提升。2018—2022年，全省检察机关共立案公益诉讼案件21,310件，通过诉前程序办结16,265件，提起诉讼1216件，有力维护了国家利益和社会公共利益，为守护人民群众美好生活、促进社会治理发挥了重要作用。[1]

---

〔1〕 参见河南省人民检察院政治部宣传处：《"河南这十年"主题系列政法专场新闻发布会"检察篇"》，载 http://www.ha.jcy.gov.cn/jwgk/xwfbh/202210/t20221019_3859987.shtml，访问日期：2023年5月2日。

第四章　地方法治的发展困境：法治河南的难题分析

我们在上一章考察了法治河南建设的实践，由此呈现了一个比较完整、真实的法治河南建设的全貌。如果说前一章的考察重点在于“客观描述”，那么本章的重点在于“理性分析”。所以，本章将继续深入考察影响法治河南建设的深层次困境，为法治河南“把脉”。为了完成上述目标，我们将从以下三个方面着手：第一，反思河南地方法治建设的理论问题，着重从“时间”和“空间”两个维度展开剖析；第二，从河南地方治理体系角度展开分析其中存在的法治发展困境；第三，从河南地方治理能力角度展开分析其中存在的法治发展困境。

有学者指出，“观察法治，眼睛固然要向上，重视国家层面的各种措施；但更要向下，观察民间与基层利益博弈中形成的各种问题、纠纷解决机制与制度。地方、基层的法规与制度是整个社会依法办事的前提”。[1] 为此，国家法治建设要始终以维护和服务于公民权利为中心，不断推动法律建设从书本走向现实，积极发现地方法治建设中的先进经验。然而，从法的运行角度来看，地方法治在立法、执法、司法、守法等方面不同程度存在一些问题，制约着地方法治发展的进程。

第一节　立法能力问题

一般认为，地方立法不同程度存在缺乏必要性和具体性、越权严重、冲突广

---

〔1〕 孙笑侠：《局部法治的地域资源——转型期“先行法治化”现象解读》，载《法学》2009年第12期。

泛、操作性差等问题。[1] 这些问题带来的直接后果是,浪费了大量立法资源,无法实现法的作用与法的价值,影响和制约社会主义法治统一;进一步造成法律适用无所适从、地方保护主义合法化等问题。有鉴于此,地方立法过程中应始终坚持法治统一、民主立法、公众参与等原则,确保地方立法朝着科学民主立法方向发展。

一、立法统一性问题

法治统一原则要求国家立法活动必须以宪法为依据,符合宪法的精神;立法活动都要有法律根据,立法主体、立法权限、立法内容、立法程序应当符合法律的规定,立法机关必须严格按照法律规范的要求行使职权,履行职责。按照法治统一原则要求,地方立法首先应当在宪法和法律授权范围内进行,遵循法的效力等级,不得超出立法权限。

(一)地方法治存在割裂法治统一的问题

法治统一原则要求拥有立法权的地方人大及其常委会、地方政府严格按照地方立法权限进行依法立法,不得与宪法、法律、行政法规等相抵触。

然而,也有学者反对地方立法,认为“法治××”的提法容易扭曲法治原意,造成四种危险倾向,即“割裂法治单元体,破坏法律体系的完整性和统一性;法治观念发生偏差,最终肢解法治的理念;形成法治的地方割据”。[2] 这种观点提醒我们,在地方立法工作中,“法治河南”等概念应当坚持法治的统一性与特殊性相结合,不能片面理解甚至割裂开来。事实上,该学者所列举的法治地方主义的现象,并不是“法治河南”本身所致,恰恰是错误理解地方法治的精神实质所导致的。因此,在全面建设“法治河南”进程中,始终要在法治统一的前提下进行。

(二)地方法治存在背离法治精神的现象

法治的核心内容是权力制约和权利保障,法治的精神实质是治官、治吏,是

---

〔1〕 参见周伟:《论我国地方立法存在的问题及其解决》,载《河南财经政法大学学报》2013年第2期。

〔2〕 杨解君、赵会泽:《法治的界域:由“法治××(区划)”引发的思考》,载《湖南社会科学》2004年第4期。

将权力关进制度的笼子里。地方法治的提出,也应当符合法治精神的基本要求,结合本省实际制定切实可行的地方性法规、地方政府规章。全国人大常委会法工委主任沈春耀在第二十四次全国地方立法工作座谈会上指出,“地方立法是细化立法而不是转化立法”。[1] 所谓细化立法,通常是在坚持中央立法原意的基础上,结合本地实际将其内容作出具体量化规定,本质上没有改变立法的实质内容,只是依法使其便于操作、执行。在特殊情况下,需要对中央立法作出实质改变、调整等,也应当依照法定程序取得授权或者作出相关决定。

然而,有的地方政府为了地方利益或政绩工程,不仅随意转化立法,甚至个别还存在将地方法治误解为政府管理人民的一种手段。这种错误理解的弊端在于:第一,它歪曲法治主体,与人民当家做主的精神相背离。第二,它破坏了法律体系统一性和完整性,地方政府为了管理便利,易出现上有政策下有对策的情况,最终形成法治的地方割据。第三,它还消解法治的宪法基础,出台的规范性法律文件主要是以设定公民义务为主,限制和规范政府公权力的内容却很少。地方法治作为依法治国的重要组成部分,首先是依法治吏,而不是治民,否则必然借助立法进一步扩大管理权力。

(三)地方法治缺乏可操作标准

由于中央立法的普遍性和概括性,地方立法应当根据本地实际情况,将中央立法的内容具体细化,使地方立法具有可操作性。但是,我国地方立法缺乏可操作性的问题比较明显,最集中地表现在地方立法对上位法的重复方面。“据从事立法工作的人估测,地方立法重复中央立法者,占地方立法的70% ~ 90% 。”[2]

事实上,国家层面的立法往往侧重于制定全局性、宏观性的、具有广泛适用性的规范,地方要将这样的上位法落实到地方、付诸实践,往往需要一些实施性、补充性的具体制度安排。同时,随着经济社会的飞速发展,特别是互联网经济新业态新消费形式不断涌现,新的社会关系不断滋生出新的复杂社会治理问

---

〔1〕 沈春耀:《在第二十四次全国地方立法工作座谈会上的小结讲话》,载中国人大网,http://www.npc.gov.cn/zgrdw/npc/lfzt/rlyw/2018-09/20/content_2061462.htm,访问日期:2023年8月1日。

〔2〕 孙波:《试论地方立法“抄袭”》,载《法商研究》2007年第5期。

题。基于此，地方立法的简单复制和照抄上位法更不能满足解决实际问题的需求。立法如此，由此带来法律实施的其他层面同样如此，基于地方特色的地方法治始终面临着特殊问题和法治统一性和概括性矛盾的难题，地方法治没有形成相对稳定的具有操作性的标准模板。

二、立法科学性问题

（一）地方立法的“地方特色”不足

按照科学立法原则的要求，地方立法应当坚持实事求是、从实际出发的原则，结合本地具体情况和实际需要进行立法，形成具有本地特色的地方立法体系。这是因为“地方特色”是地方立法的产生条件和价值所在。中国区域发展的不均衡决定了完全依靠中央统一立法无法有效解决各地区经济社会发展中遇到的特殊问题，不能科学反映各地区发展不平衡的现状。因此，地方立法应当符合本区域实际情况，能够真实反映本区域经济、政治、文化、社会、风俗、民情等对地方立法的实际需求。地方立法要有较强针对性，始终把地方立法工作与解决本区域实际问题结合起来。重点解决本区域发展中存在的突出问题，而中央立法恰好没有或不宜解决这些问题。

“地方性是地方立法的灵魂，没有地方性的地方立法是无谓的立法。”[1]因此，地方性成为地方立法的前提条件，也是地方立法的灵魂。然而，一些地方性不突出甚至不具备地方性的地方为立法而立法，盲从跟风现象较为明显。例如，就行政首长出庭制度而言，国务院公布了《关于印发全面推进依法行政实施纲要的通知》（国发〔2004〕10号）。为了落实该文件精神，从国务院到县级政府甚至区政府都作出相同或相近的规定。[2] 在我国行政体制之下，省、市、县各级政府需要做的就是严格按照国务院的规定予以执行，实际上省、市、县各级政府在行政诉讼方面并没有太多特殊规定。

（二）地方立法定位不清

作为中国特色社会主义法治体系的重要组成部分，地方立法在遵循宪法和

---

〔1〕 周伟：《论我国地方立法存在的问题及其解决》，载《河南财经政法大学学报》2013年第2期。

〔2〕 参见周伟：《论我国地方立法存在的问题及其解决》，载《河南财经政法大学学报》2013年第2期。

法治统一原则的基础上,应当明确自身定位,即坚持中央统一立法前提下,结合地方实际进行科学立法。目前存在的主要问题有:

第一,央地关系的法治化缺乏明确统一规定,导致地方立法难以有效处理央地之间纵向、横向关系法治化的问题。就纵向关系而言,央地之间权责划分有待明确,容易造成一统就死、一放就乱。因此,哪些事项属于中央立法的权限,哪些事项属于地方立法的权限,亟待进一步细化。就横向关系而言,随着区域经济一体化的加速,跨区域发展合作,尤其是跨区域法治建设方面的合作,已经成为一种必然趋势。但是,区域法治建设的速度远远滞后于区域经济合作发展,法治理念和法律制度建设都落后于经济文化发展的现实已经成为严重制约区域发展快速推进的一大"瓶颈"。[1]

第二,地方立法动机混乱,功利性色彩浓厚。例如,有的地方进行立法存在赶时髦的趋势,其他地方出台了相关规定,因此本地区也应当制定相关规定。这种趋势决定了立法的动机并不是立足于本地实际发展,而是区域之间为了攀比。这种立法在一定程度上存在随波逐流、照抄照搬的趋势,很难有效体现社会发展需要。

第三,在粗放式立法模式指导下,地方立法质量不高,一定程度存在模糊性、盲从性。这在一些法律文件中具体表现为:一方面,有的条款本身表述过于笼统抽象,一旦付诸实施就会变得模糊不清。另一方面,有的条款倡导性色彩浓厚,缺乏真正切实的条款。地方立法内容粗糙,缺乏必要的科学论证,无法有效涵盖地方发展,尤其是公民日益增长的权利诉求,因而很难解决法治河南建设过程中出现的复杂问题。

第四,在上位法设定的有关行政执法权的种类、幅度以外,增设新的规定或者直接违反上位法的规定。例如,行政处罚、行政许可、行政强制措施等。地方立法中的这些规定不仅违反了法治统一原则,损害了法律权威,最终还会损害公民、法人及其他组织的合法权益。

第五,严格限定地方政府的立法权限范围,防止出现越权立法。例如,《立法法》第81条第1款规定了设区的市的人大及其常委会行使地方立法权的范围主要涵盖城乡建设与管理、生态文明建设、历史文化保护、基层治理等方面的事项。问题在于,如何理解这一规定,是仅限于城乡建设与管理、生态文明建

---

〔1〕 参见朱未易:《我国地方法治建设的实践、问题及其路径》,载《政法论丛》2017年第3期。

设、历史文化保护、基层治理,还是包括其他方面?即便是城乡建设与管理、生态文明建设、历史文化保护、基层治理,它所涉及的范围也较广。全国人大宪法法律委员会专门对"等方面"的范围作过明确说明,仅指这四类以内。因此,地方政府应在法律授权范围内行使立法权,不能打"擦边球"。

第六,地方立法应当以保护公民权利作为立法重点,突出立法工作的人民性。有学者曾指出,"有的法规、规章把具体工作问题、技术问题、思想教育问题等不属于立法调整的内容作为立法的重点,漠视对现实问题的解决,或者规定的内容过于超前,严重脱离实际,造成可操作性差,实践中难以执行,或者执行起来社会效益很低"。[1] 这种立法的结果是,虽然有大量的立法规定,但是它们很少关注公民的权利,因而在实施中很难得到民众的支持。

第七,地方立法的前提条件、启动程序等问题也没有明确界定。地方人大制定地方性法规的资格、条件没有明确规定;同理,地方政府制定地方政府规章的具体条件也没有规定。这就容易导致地方性法规和地方政府规章之间难以有效协调。

(三)地方立法程序缺乏规范性

当前,地方立法程序运作中存在的问题,涉及地方立法规划编制、提出草案、审议表决和公布等主要环节。

1. 地方立法规划编制过程中存在的主要问题有:(1)立法规划过程中的审批主体缺乏规范。(2)立法规划调研、论证工作准备不足。在实践中,有的地方在调研、论证环节一定程度上流于形式,结果导致一些明显违背常识的立法产生。

2. 地方立法起草过程中存在的主要问题有:(1)地方立法起草参与主体单一,一定程度存在部门利益法律化的倾向。例如,有的地方借地方特色之名,行地方保护之实;通过不当强化、扩张地方政府及部门权力,谋求本地区和本部门的利益;为部门利益争取权力、减少责任,限制行政相对人的权利、增加行政相

[1] 李步云、汪永清主编:《中国立法的基本理论和制度》,中国法制出版社1998年版,第209页。

对人的义务和责任;不当增设机构、增加经费等。[1] (2)立法相关部门的工作权限有待明确。例如,立法相关部门在向地方人大提交立法草案时,彼此之间权责不明,容易导致彼此之间相互推诿或互不相让。

3. 地方立法草案的审议过程中存在的问题表现为:(1)地方人大常委会的审议程序缺少具体标准。例如,关于地方立法草案的审议次数、审议时间等程序性问题缺乏具体规定,审议地方立法草案容易陷入效率低下的无休止争议,或者是认认真真走过场,最终很难保证地方立法审议工作的质量和效率。(2)在地方立法审议过程中,公民参与地方立法的相关保障机制欠缺。例如,有的地方立法机关对公民参与设置条件苛刻、手续烦琐,导致公民参与立法听证的成本过高,无法有效保证地方立法的民主性和公开性。

4. 地方立法表决公布过程中存在的主要问题有:(1)对地方立法草案采取整体表决,但是没有充分考虑到少数代表对其中个别条款的反对态度。(2)有的立法生效时间有待商榷,没有考虑到立法实施需要时间进行充分的准备。(3)公布公告审议和实施主体存在不合理、不合法现象。

(四)地方立法的前瞻性不足

当前,河南正处在转型发展的关键时期,同时也处在深化改革开放的关键时期,因此,地方立法工作要从实际出发,与时俱进。特别是大数据、云计算、移动互联网5G技术、中国(河南)自由贸易试验区建设、郑州航空港区建设等已经成为河南经济社会发展的重要动力,同时也给河南法治建设提出了一系列新命题,例如,个人信息保护、电子商务、互联网金融消费、中国(河南)自由贸易试验区法治建设、郑州航空港区涉外法治建设等已成为法治河南建设亟待解决的难题。

特别是郑州航空港区作为中国首个航空港经济发展先行先试区,肩负着制度创新、政策创新等重大使命。然而,诸多因素制约着郑州航空港区法治建设:一是缺乏行政管理、对外开放和生产要素流动相关法律政策;二是缺乏能够快速应对国家、省级改革新规和港区相关立法所需的高端法治人才队伍;三是航

---

〔1〕 参见武汉市人大法制委员会:《关于地方立法中地方保护和部门利益倾向问题的思考(武汉市)》,载中国人大网,http://www.npc.gov.cn/zgrdw/npc/zt/qt/descqgdflfyth/2014-09/25/content_1879639.htm,访问日期:2023年8月1日。

空港区法律地位亟待明确；四是相关配套法律法规有待健全。[1]

此外，与立法的前瞻性相关联，地方立法人才的储备也存在不足。依据《立法法》的规定，设区的市开始享有地方立法权。法治河南建设的紧迫任务决定了立法力量的薄弱很难适应当前立法工作的需要。其原因在于两方面：一是由于原来设区的市并没有立法权，相应的立法人员编制刚刚设立，因而缺乏成熟的立法工作人员；二是设区的市的立法人才培养、立法指导和培训等工作长期欠缺，这决定了地方立法人才队伍建设不能快速地达到一定的水平。

三、立法的民主化问题

（一）部门利益影响

地方立法工作的部门利益倾向问题由来已久，突出表现为政府机关凭借地方立法起草工作，随意扩大所属部门职权。从根本上说，部门利益倾向实质上扭曲了国家权力和公民权利的关系，是国家权力变相扩张的一种特殊形式，并将这一过程通过地方立法的形式固定下来，使其获得合法化的外衣。其具体表现为：

第一，有的地方权力机关利用地方立法的机会，任意为本部门增设机构，或者为维护本部门利益争夺话语权，这种情形在行政机关表现更为突出。一方面，有的行政机关增设部门不是应对行政管理工作的实际需要，而是为了增加行政编制和办公经费。这些行政机关的通常做法是：首先，强调本部门在行政管理工作中的重要性，为增设行政机构争得话语权；其次，利用地方立法工作，将上述主张最终写入地方立法，解决新增机构的合法性问题。这样即使日后要进行机构精简，也要先修改地方性法规。另一方面，有的部门色彩浓厚的行政机关，通过地方立法工作，将不公平、不公正的利益调整机制写入其中，为自身的合法地位争得话语权，也维护了本部门的利益。

第二，地方立法关于行政机关的权责设定明显失衡。地方立法的目的就是要实现行政机关依法行政，防止行政执法权的滥用。因此，地方立法在进行制度设计时应当坚持权责一致原则，绝不能重职权、轻责任，或者重实体、轻程序。在实践中，一方面，地方立法对行政机关的执法权限、执法程序等规定得较为模

---

[1] 参见丁同民、张林海主编：《河南法治发展报告(2016)》，社会科学文献出版社2016年版，第19页。

糊，对于行政执法人员的责任也仅仅是抽象地规定为依法给予相应的行政处罚或追究刑事责任，但是责任认定却没有可供操作的具体标准。另一方面，更多的规定是授予行政机关执法权力，甚至出现多个行政主体对同一对象有执法权的情形。最终的结果是，有了利益，相关部门争夺执法权；出了问题，有关部门相互推诿，无人问津。此外，地方立法工作中监督机制缺位，对谁来监督、怎样监督、具体的监督程序等问题都没有明确规定，这使部门利益合法化难以得到有效遏制。

（二）公众参与不足

民主立法的本质是人民当家做主的要求，因此，如何有效保障公民参与立法，是实现民主立法的重要内容。特别是在立法准备阶段，公民参与的程度和范围很大程度上体现在立法听证的有效参与程度。目前，地方立法听证制度存在的认认真真搞形式、扎扎实实走过场问题，主要表现为：

第一，地方立法听证的范围、参加人员界定不明，或者缺乏明确具体的标准。一方面，听证的范围一般指向“重大的，与公民、法人和其他组织的权益关系密切的”立法，但是“重大利益关切”的内容有哪些，绝不能由立法机关自说自话，需要交由社会公众广泛讨论。另一方面，由于涉及不确定公众的广泛利益，应当确保参加地方立法听证人员的身份具有真实代表性。特别是地方立法中涉及公众利益与政府利益发生冲突时，如何最大限度保证参会代表身份的真实性，以及提出代表公众利益的要求，直接决定着立法听证的效果。

第二，地方立法机关在听证中提供的信息不对等，影响听证的法律效果。一方面，地方立法机关始终掌握着主动权，是否提供立法信息、提供哪些立法信息，都取决于地方立法机关的意志。特别是对于听证参加人而言，不完整的立法信息和专业的立法术语，导致他们很难进行真正有效的立法讨论。另一方面，地方立法听证的效力没有被明确规定，是否听取和采纳听证参加人提出的赞成或反对意见没有相应法律保障，往往取决于立法机关的喜好，最终容易出现立法听证流于形式的结果。

第二节　依法行政和执法能力问题

十八届四中全会提出，各级政府必须坚持在党的领导下、在法治轨道上开展工作，加快建设职能科学、权责法定、执法严明、公开公正、廉洁高效、守法诚信的法治政府。打造“职能科学、权责法定、廉洁高效、守法诚信的政府”既是依法治国、建设社会主义法治国家的重要目标，同时也是人民群众的共同心愿。当前，河南省法治政府建设在一定程度上存在以下问题：执法主体职权不明，不作为、乱作为；执法程序不规范，行政决策拍脑袋；滥用自由裁量权，乱罚滥罚较为普遍；执法监督缺位，执法权滥用现象尚未根除。因此，河南省在法治政府建设进程中，需要对上述问题引起重视。

一、行政执法不规范，依法行政有待提升

合法行政要求行政执法主体身份要合法，禁止以临时工身份进行行政执法；执法内容要合法，行政执法禁止超越法定权限；执法程序要合法，行政机关作出责令停产停业、吊销许可证或者营业执照、较大数额罚款等行政处罚决定前，应当告知当事人有要求听证的权利，有的行政机关未进行告知听证权利而直接作出处罚。

（一）行政执法主体职权有待明晰

第一，行政主体完全不具备执法主体资格。其中，最典型的就是临时工行政执法问题。临时工参与执法，最根本的原因是基层行政执法力量的薄弱，从而形成了依法行政快速发展与实际能力不足之间的矛盾。而同时，一些基层执法部门之所以大量聘用临时工，也存在一些特殊的原因，即对于行政执法中有可能涉嫌执法过当、执法纰漏时，交由临时工去做。一旦造成严重后果，临时工、合同工就成了替罪羊，而执法部门及其正式工作人员丝毫不受影响。事实上，临时工受雇于政府部门，其执法行为理应由政府埋单，一味地撇清政府部门与临时工的关系无异于掩耳盗铃。这不仅严重败坏了党和政府在人民中的形象，影响行政执法主体的公信力，还损害了法律的权威。

第二，行政执法职权不明晰，出现多头执法、重复执法等问题。有数据显示，2018 年至 2023 年 5 月，河南全省法院共受理各类行政案件 256,802 件，审结 248,699 件，其中，审结一审行政诉讼案件 90,363 件，非诉执行案件 103,965 件，二审案件 43,293 件，再审审查及再审案件 11,078 件，案件数量较多，在全国

一直排在前列。[1] 这组数据反映出群众维权意识的增强，同时也暴露出行政执法存在较为严重的问题。其具体表现为：一方面，执法权分散，执法效率低，既造成执法成本不断增加，也容易滋生腐败。另一方面，政府主体多头执法，职能交叉、权责不清，容易导致多重执法、多重处罚；有利可图的争着执法，无利可图的没人执法，各部门之间相互推诿扯皮，势必会损害行政相对人的合法权益。例如，2016 年 11 月 11 日，河南省南阳市两交警为争夺执法权而发生语言冲突，互相指责对方抢地盘，后被群众拍成视频上传网络，引发网络热议。[2]

（二）行政主体超越职权

由于行政执法主体职权不明晰，争权夺利的事争着管、有权没利的事推着管、没权没利的事没人管的现象时有发生。行政主体超越职权，不作为、乱作为的现象屡禁不止。行政权无限扩张违背了权力有限授权原则，其危害性表现为：

第一，行政权无限扩张必然会导致行政权力运行成本不适当增加，一旦超越社会承载能力，将会损害社会持续发展。2013 年 11 月 1 日新闻报道，河南商丘市梁园区境内管护的公路只有 110 公里，执法人员却高达 200 人。有限的财政无法承担 200 人的全部费用，当地运管执法部门采取“靠路吃路”的办法，对过往车辆随意罚款。[3]

第二，行政权无限扩张还给权力寻租提供了机会，容易导致权力腐败的发生。有的地方执法者对行政相对人的违法行为不作为，视而不见或者简单罚款了事。只要缴纳文化管理费，播放盗版光盘、色情光盘也没人管；只要缴纳环保排污费，环境污染都无人过问。[4] 例如，2018 年，河南省邓州市湍河水域非法采砂问题愈演愈烈。当地有关部门在接到群众举报后，主要采取行政处罚的执法

---

〔1〕 参见段伟朵：《2018 年以来，河南全省法院共受理各类行政案件 25 万余件》，载河南省高级人民法院网，http://www.hncourt.gov.cn/public/detail.php? id = 190729&wd = &eqid = bc06b85400f46e6f00000002643284cf，访问日期：2023 年 5 月 1 日。

〔2〕 郭启朝：《河南两交警为争“地盘”抢开罚单　已被停职》，载搜狐网，http://news.sohu.com/20161114/n473081443.shtml，访问日期：2023 年 8 月 1 日。

〔3〕 参见胡印斌：《两百人设防百公里，执法还是抢劫?》，载央视网，http://opinion.cntv.cn/2013/11/01/ARTI1383299881611396.shtml，访问日期：2023 年 8 月 1 日。

〔4〕 参见丁同民、闫德民主编：《河南法治发展报告(2015)》，社会科学文献出版社 2015 年版，第 67 页。

措施,以罚代刑,没有将涉案采砂船和相关人员移送检察机关。[1] 而最高人民法院、最高人民检察院联合公布的《关于办理非法采矿、破坏性采矿刑事案件适用法律若干问题的解释》第4条明确规定,未取得采砂许可证,在河道管理范围内采沙,构成犯罪的,以"非法采矿罪"定罪处罚。

第三,行政权无限扩张还会产生权力万能论思想,认为没有强大的公权力不能解决的问题。问题在于权力不是万能的,况且一旦权力解决不了问题,就会认为是权力不够强大,还需要继续扩张权力。例如,2018年11月25日,河南省信阳市平桥区某负责人查处非法盗采河砂车辆时,面对盗采河砂人员极不配合的情形,声称只要涉案司机给老板打电话,就能将涉案司机的量刑从3年改判为2年。[2] 这明显违背了刑事审判基本原则,反映了行政权无限扩张对司法权形式的干涉。

二、行政执法违反合理行政原则

合理行政原则作为一项普遍适用的行政法的基本原则,其具体要求是:(1)行政行为的动因应符合行政目的;(2)行政行为应建立在正当考虑的基础之上;(3)行政行为的内容应客观、适度、合乎情理。这三点具体要求反映着合理行政原则的内涵。

合理行政原则产生的主要原因是行政自由裁量权的存在与扩大。自由裁量权指行政机关的自行决定权,即对具体行政行为的方式、范围、种类、幅度等的选择权。尽管从机关性质上来说,行政机关应当是执行法律的机关,其行为皆应依法实施,但由于行政事务的复杂性,立法机关不可能通过严密的法律规范完全约束行政行为,故不得不在事实上和法律上承认行政机关的一定程度的行为选择权,即自由裁量权。诚然,为了执行公务的需要,行政裁量权必须存在。与此同时,由于行政裁量权较少受到法律的约束,因而常常产生滥用的事实或出现行政处罚显失公正的后果。无论行政裁量权的滥用还是行政裁量显失公正,都是对行政法治的破坏。因此,我们既应当承认自由裁量权的作用,又

[1] 参见张治中:《邓州非法采砂整治行动:58艘采砂船上岸运走或拆解46处采砂场关闭》,载搜狐网,https://www.sohu.com/a/236030430_118383,访问日期:2023年8月1日。

[2] 参见《信阳一副区长发致歉信:面对盗采河砂者情绪失控,愿接受处理》,载澎湃网,https://www.thepaper.cn/newsDetail_forward_2686930,访问日期:2023年8月1日。

应当加强对自由裁量权的控制。合理行政原则正是在这一背景下应运而生，它的出现可谓行政法原则的一个重大发展。

在实践中，一些地方执法部门滥用自由裁量权，背离立法授权目的的情形时有发生。例如，2015 年 5 月，在外地打工的李某，要火化亡母时被告知回老家开两份关系证明，不然不能火化。“一份证明你妈妈是你妈妈，一份证明你妈是你爸的老婆”，而老家派出所给出的解释是，户口簿就是证明。最后，李某两头奔波却无法安葬母亲。对此类现象，2015 年 5 月 6 日，李克强总理在国务院常务会议上痛斥某些政府办事机构时就曾提到，“你妈是你妈”，这怎么证明呢？简直是笑话！[1]

三、行政决策违反正当程序原则

程序是法律的生命，正当程序是建设法治政府、规范行政权力的必然要求。不可否认，政府必须拥有行政自由裁量权，以便高效快捷地对行政事务作出处理。但是，随着行政自由裁量权的日益扩大，特别是在“重实体、轻程序”较为普遍的情形下，如何防止行政机关滥用执法权，不仅要从实体法层面规范行政执法权，更重要的是从正当程序角度规制行政执法权。在实践中，一些地方政府决策不同程度存在以下问题：行政决策程序缺位，重要信息不公开；地方人大难以有效发挥决定权、监督权；公众知情权被剥夺，有效参与不足。有的地方政府对行政决策合法性审查只是走形式，一些关系国计民生的重大项目因群众不理解、不支持而不能出台，或者决策后遇到反对意见就匆匆下马，严重影响政府的公信力和执行力。[2] 例如，2017 年 1 月 14 日，河南省环境污染防治攻坚战领导小组办公室下发《关于扩大烟花爆竹禁止燃放区域的紧急通知》，实施两天后就被紧急叫停。这表明该通知并没有严格遵守行政决策正当程序原则。

第一，行政决策要有科学性。任何一项行政政策都会涉及各方主体利益的协调，这要求地方政府在行政决策之前，应当进行充分调研，厘清和协调各方利益。显然，该通知主要是为了治理雾霾，但没有考虑到烟花爆竹产业相关各方

---

[1] 参见李克强：《开证明“你妈是你妈”是天大的笑话》，载人民政协网，http://www.rmzxb.com.cn/c/2015－05－07/495863.shtml? from＝groupmessage&isappinstalled＝1，访问日期：2023 年 8 月 1 日。

[2] 参见王敬波：《深化法治政府建设亟待破解八大难点》，载《法制日报》2019 年 2 月 22 日，第 1 版。

利益的协调,最后该通知被紧急停止也说明了这一点。

第二,从行政决策的内容来看,发布该通知必然会影响"行政相对人"的合法权利,即烟花爆竹产业中的生产厂家和经销商的切身利益,以及公民燃放烟花爆竹过节的权利。显然,该通知事实上限制、剥夺了相关利益主体在法律上所享有的权利。因此,从程序上看,可能会剥夺相对人权利的政策或者法律必须经过合法的程序,该政策的合法性也应该受到质疑。

此外,该通知发布两天后即被撤回,决策制定显然过于草率,有欠考虑。这既有损于政府的公信力,也会损害政府在民众心中的权威。

四、政府公信力建设不足

(一)行政权力的信赖保护匮乏

信赖保护原则充分体现在"新官不理旧账"等行政工作的连续性缺陷现象之上,是政府官员对行政权属性的误解,是政府失信于民的集中反映。对于行政机关而言,信赖保护原则意味着一旦作出行政行为后,非经法定事由,不得擅自更改、撤销已生效的行政行为。对于行政相对人而言,信赖保护原则意味着行政相对人基于对行政主体的信赖,作出的行为所得合法收益必须予以保护。"新官不理旧账"的原因错综复杂,最常见的就是政府领导班子换届,对于上一届政府的决议或者其他政府行为不予承认,其实质是以政府公权力的名义侵害公民的合法财产。但是,行政相对人是基于对政府的信赖,其本身并无过错,因此对于行政相对人来说是不公平的。例如,河南省信阳市商城县某乡民政所从1996年到2004年,向当地某餐馆赊账36,000多元,其间先后换了多任所长,但是当餐馆老板讨债时,给出的理由竟是谁吃找谁去要,白纸黑字的欠条十多年却无法兑现。诸如此类拖欠餐馆、公司等债款问题,在有些地方时有发生,这体现了有的地方政府行使公权力的任性,将政府公权力当作个人私权,将政府机关当作私人公司。"新官不理旧账"的后果是,不仅吃垮了当地群众的劳动果实,而且吃垮了当地政府在群众心目中的形象和公信力,最终吃出了民困民怨来。[1]

---

〔1〕 田雪:《河南商城一民政所被曝打白条欠餐费10年未还》,载新浪网,http://news.sina.com.cn/c/2014-06-24/170330415217.shtml,访问日期:2023年8月1日。

(二)发展经济的绩效考核失衡

第一,有的地方政府为应付政绩考核,任意出台招商引资政策。当前,一些地方政府将招商引资作为衡量地方经济增长的重要内容,列入政绩考核的重要指标。完成招商引资任务的单位和个人将会受到重奖;而对完不成招商引资任务的单位和个人,采取一票否决制,各种评先评优资格将与其无缘,甚至党政一把手也有可能就地免职。在政绩考核的压力之下,一些地方政府为了吸引投资随意画大饼,既不考虑项目合法与否,也不考虑今后能否兑现,任意对投资商作承诺。有的地方政府甚至给企业挂上重点保护单位的牌匾,规定相关执法单位必须经过本地党委、政府同意才能进行执法活动。这在一定程度上为权力寻租提供了机会,也造成一些企业对法律置若罔闻,敢于违法生产经营。

第二,招商引资过程中滥用职权,欺诈投资企业。有的地方政府在招商引资过程中随意画大饼,开出优厚的资金扶持、政策支持等条件,投资企业基于对政府公信力的信任,在当地安家落户。而存在的问题是,一旦企业投资设厂,当地政府就以政策、法律为由,拒不兑现先前的承诺。先前的热情好客变成了敲诈勒索,以消防、卫生、环保等不达标,或者以土地划拨违规等为由,责令企业缴纳巨额罚款、停产整顿。企业面对资金运行压力,不得不屈服于当地政府压力,花钱了事。有的企业选择及时止损,果断从当地搬迁。地方政府利用先前企业留下的场地设施,继续进行"招商引资"。还有一些地方政府看到企业盈利眼红,单方撕毁合同,将企业经营项目转让给其他企业经营。

(三)行政执法主体权责分离

行政执法主体权责统一,既是法治政府建设的必然要求,也是防止权力腐败的重要保证。在实践中,有的地方政府仍旧存在权责分离的问题。其典型表现为,上级安排部署工作任务,要求下级层层签订责任状,美其名曰"责任下沉"。给出的理由是,上下级领导关系决定了下级应当对上级负责,必须服从上级的工作安排,更有甚者往往把工作难、责任重的差事推给下级。然而,在权责不统一的条件下,"责任下沉"容易变形走样,成为上级逃避责任风险的途径。

例如,2017 年,河南省出现国内首例政府官员因执行违法"会议纪要"被判罪的案例。其起因是,2012 年 11 月 2 日,永城市政府为解决某小区用地问题召开会议,并形成《关于解决永阳花苑地下车库信访问题的会议纪要》,该会议纪要于2013年3月16日以该市城市建设领导小组将其以文件(永城建领〔2013〕4号)的形式印发(事后发现该会议纪要违反相关建设用地审批规定)。2017年7月19日,河南省沈丘县法院认定城建规划主要负责人夏某、刘某以会议纪要为依据,办理建筑工程规划用地。一审判决夏某、刘某滥用职权罪,但免予刑事处罚。2017年9月21日,周口市中院终审维持原判。[1]

该案判决在社会上引起强烈反响,争议的焦点集中在权责分离对行政执法主体尤其是基层公务员的影响。《公务员法》第60条规定:"公务员执行公务时,认为上级的决定或者命令有错误的,可以向上级提出改正或者撤销该决定或者命令的意见;上级不改变该决定或者命令,或者要求立即执行的,公务员应当执行该决定或者命令,执行的后果由上级负责,公务员不承担责任;但是,公务员执行明显违法的决定或者命令的,应当依法承担相应的责任。"但在实践中,基层公务员遇到上级错误命令时面临着艰难的选择:拒绝执行上级错误命令,轻则调岗,重则开除;而服从上级错误命令,一旦东窗事发,谁执法谁担责,上级仅负有领导责任。

正是由于权责不统一,基层公务员在一定程度上畏惧担责,"干得好了,功劳归领导;干得不好,黑锅自己扛"。久而久之,严重挫伤了基层公务员的工作积极性,能不做的工作坚决不做,滋生懒政怠政恶气。

(四)行政审批效率低下

调查数据显示,2002—2012年国务院先后推进6轮行政审批制度改革,涉及各类行政审批项目2000多项。[2] 2011—2013年,近3年1539家受调查企业每家每年平均向政府申报审批项目17.67个,单个项目涉及的审批部门平均为5.67个、审批程序平均为9.4道,受调查企业审批时间最长项目的平均值为171.35天,其中最长约为1500天。[3] 地方政府审批中也存在这种问题,"政府部门一张嘴,群众企业跑断腿"是政府行政审批效率低下,群众、企业办事难的

〔1〕 张恩杰:《河南2官员执行违法"会议纪要"首次被判滥用职权罪》,载中华网,https://news.china.com/domestic/945/20171204/31760240.html,访问日期:2023年8月1日。

〔2〕 参见张定安、彭云、武俊伟:《深化行政审批制度改革 推进政府治理现代化》,载《中国行政管理》2022年第7期。

〔3〕 参见陈清泰、张永伟:《行政审批何其多》,载人民网,http://finance.people.com.cn/n/2013/0617/c1004-21857311.html,访问日期:2023年8月1日。

真实写照。为此,2015 年 3 月 24 日,中共中央办公厅、国务院办公厅印发《关于推行地方各级政府工作部门权力清单制度的指导意见》。通过建立权力清单和相应责任清单制度,进一步明确地方各级政府工作部门职责权限。以 2019 年国务院出台的《优化营商环境条例》为标志,固化“放管服”改革成果,行政审批制度改革进入新阶段。然而,当前地方政府仍存在行政审批过多过滥、程序烦琐、效率低下等问题。

第一,尚未完全建立健全权力清单制度。有的地方政府在开展依法清理行政审批工作中,并没有严格按照国务院要求建立健全权力清单制度,只是进行局部改革,取消、下放一部分“含金量低”的行政审批事项,保留一些“含金量高”的重要审批项目。有的地方政府在行政审批改革中玩“文字游戏”,以行政核准、审核、事前备案等词语替换行政审批,或者以简化审批手续为由对行政审批事项进行不必要的合并,并没有为企业和群众办理相关手续提供简化便利条件。

第二,行政审批各环节分散凌乱,难以形成有效的监管机制。目前,有的地方政府各部门统一协同不足,特别是审批事项从受理、审查、办理到发证等环节涉及多个部门,各个部门由各自“窗口”负责实施,行政监察部门难以对各个环节进行有效监督。除此之外,有的行政部门存在随意附加审批条件、超时审批的问题。这就导致行政监察部门只能根据各个部门提供的材料进行考评,很难形成系统有效的行政审批监督机制。

第三,行政审批过程中法治观念淡薄,重审批、轻监管的现象依旧存在。有的地方政府部门在行政审批中管理理念落后,将大量精力放在事前审批环节,只注重如何办理许可证和有关批文。但是,对于办理许可证和有关批文之后,取得许可的单位和个人是否严格按照国家法律规定依法从事生产经营活动,并没有进行严格监管。这也导致有些企业一旦拿到政府批文,就敢于从事违法生产经营活动,侵害群众利益和公共利益。

第三节　司法能力建设问题

司法公正原则的基本要求是,努力让人民群众在每一个司法案件中感受到公平正义。司法是公平正义的最后一道防线,如果司法防线沦陷,社会公正将会受到影响,法治在人民心目中的权威地位也会受到损害。

一、司法体制问题

（一）“由裁判者负责”制度尚未建立健全

以郑州市法院系统为例，尽管其在司法人员分类管理中，严格按照中央司法改革顶层设计的要求，稳步推进改革，严格按照中央司法改革比率限制入额司法人员数量，并建构了“办案须入额，入额须办案”的新型司法权运行机制，力促“让审理者裁判”的实现，但是“由裁判者负责”的机制仍然难以落到实处。恰恰相反，个别入额后的法官只追求办案数量，忽视办案质量，常常指挥法官助理甚至书记员办案，自己却不亲临庭审现场，只是在判决书上署名而已，成为名副其实的“署名法官”。相较于之前法官审判、庭长或院长指挥的弊病，这种由法官助理甚至书记员审判、法官指挥的审判异化现象危害更为严重，无法保证案件裁判结果的权威性和司法效益。这无疑也是近年来，一些地方法院案件上诉率、申诉率不断上升的重要原因之一。

（二）诉讼制度仍然有诸多提升空间

影响司法责任制落实的因素错综复杂，如司法待遇、级别晋升、工作压力与职业保障等诸多方面。就诉讼制度本身而言，仍然存在诸多亟待改革之处，尤其是证据规则的刚性不足，严重影响司法责任制的实效。例如，在刑事诉讼中的审前程序中，侦查、控诉机关依旧处于程序推进与实体处理的几近垄断的地位，即由其一边倒地控制证据的收集与认定，甚至被追诉人的人身自由与财产安全，被追诉人的诉讼地位的客体化并未从根本上得以改变，即便是 2012 年《刑事诉讼法》赋予了侦查阶段律师辩护人的诉讼地位，但对于犯罪嫌疑人而言，此种看似华丽的权利，在实践中也常常异化为精神慰藉而已。在审判阶段，面对侦控机关几乎垄断的庭审证据，证人出庭率依旧偏低的当下，直接言词原则几乎无法实现，即便是在诉讼地位上居于其中、居于其上的客观中立的裁判者，也不得不更加倾向于控方“装帧精美”、首尾呼应的指控逻辑，作出被追诉人犯罪事实清楚、证据确实充分的认定。

加之错案终身追究机制使得员额法官、检察官办案压力非常大，责任的产生往往要影响部分法官、检察官的业绩考核甚至是升迁问题，大部分法官、检察官难以承受此种办案压力。而且业务能力越强、办案越多的中青年法官，所承受的此种压力往往越强烈,于是便萌生了辞职的念头。近年来,河南省各级司法机关均有年富力强的司法人辞职的情况发生,而且有相当一部分辞职的司法人员选择去做律师业务。尽管辞职的具体原因各不相同,但概括起来主要有以下几个方面:工作压力大、待遇不高、时间不自由、两地分居等,而责任制的重压以及相应的诉讼制度不完善同样与此关系密切。

(三)司法人员职业保障的体制机制依旧乏力

完善司法人员职业保障作为我国司法体制改革的重要组成部分,此举主要是稳定司法人员职业群体、提升法治队伍素质、强化法律监督、促进社会公平正义的重要途径之一。但是,在司法人员职业保障方面,河南省总体状况并不乐观,人多案少的矛盾突出而且薪酬待遇较之一般公务人员并不具有明显优势。下面以郑州市法院系统加以分析。

1. 案多人少,司法人员辛苦劳作

郑州市各级法院均存在程度不同的人案矛盾冲突,尤其是郑州市金水区人民法院与郑州市高新区人民法院,2017 年度,其法官团队平均结案竟然分别高达 917 件和 1265 件。以至于很多司法工作人员为了按时保质保量地办结案件,不得不放弃休息时间,不仅日常工作日加班成为常态,而且周末甚至法定休假日也经常加班,更有甚者,持续开庭到深夜,以便不再次组织开庭审判该案件,浪费本来就已非常有限的司法资源。

2. 薪酬待遇并不具有优势,甚至呈下降趋势

按照郑州市人社局测算,郑州市中级人民法院平均工资已高于当地公务员平均工资水平,主要原因是郑州法院综合部门享受副处级工资待遇人员较多,据此核算的郑州市中级人民法院司法辅助人员和司法行政人员工资增长幅度较小。依据规定,司法人员的增资是按照年度核算的。如按照 2017 年的规定,司法辅助人员和司法行政人员合并发放后,两类人员平均增资 556. 12 元,较上年降低约 80 元。

3. 司法人员职业安全保障依然堪忧

2016 年 7 月 21 日,中共中央办公厅、国务院办公厅印发《保护司法人员依法履行法定职责规定》,明确规定对干扰阻碍司法活动,威胁、报复陷害、侮辱诽谤、暴力伤害司法人员及其近亲属的行为,要依法迅速从严惩处。2017 年 2 月 7 日,最高人民法院发布《人民法院落实〈保护司法人员依法履行法定职责规

定〉实施办法》，进一步健全完善法官、审判辅助人员依法履行法定职责保护机制，并由最高人民法院发布“法官人身安全保护令”。法官作为公平正义的化身，是国家依法行使审判权的代表，保护他们的人身不受不法侵害，就是捍卫国家法律。恰如丹宁勋爵所言，“在所有必须维护法律和秩序的地方，法院是最需要法律秩序的。司法过程必须不受干扰和干涉。冲击司法正常进行就是冲击我们社会的基础”。[1]

此外，比较有影响的因素还有司法人员人身安全保障方面，河南省在落实该工作方面也存在较大的提升空间。例如，2017 年 2 月 6 日，河南省新乡市红旗区人民法院民事审判庭的法官杨新辉，因审理一起婚姻纠纷案时当事人双方发生冲突，杨新辉在法院门口被当事人打成重伤，导致生命危险。[2] 2018 年 3 月 26 日下午，洛阳市西工区人民法院工作人员前往被告家中送达法律文书，当事人不仅不配合工作，还暴力袭击法院一名女工作人员。[3] 此类司法工作人员人身安全遭受不法侵害的案件的再次发生，表明河南省作为改革试点地区，应当在司法人员职业保障方面下足功夫，切勿让司法工作人员在“危险”中办案，避免让司法公信力大打折扣。

（四）省以下法院统管改革工作仍有困难

“推动省以下地方法院、检察院人财物统一化管理”是十八届三中全会审议通过的《中共中央关于全面深化改革若干重大问题的决定》提出的重要内容，“探索建立与行政区划适当分离的司法管辖制度，保证国家法律统一正确实施”，以此“改革司法管理体制”，确保审判权、检察权的依法独立行使。对此张智辉教授作出积极评价，提出了“三个突破”，即“推行省以下地方法院、检察院人财物统一管理改革举措的提出，在思想观念上，突破了把司法人员作为普通的‘国家干部’来管理的思维定式；在制度设计上，突破了由地方同级党委统一管理公务员队伍的原有管理模式；在司法体制上，突破了司法权地方化的

---

〔1〕 [英]丹宁勋爵：《法律的正当程序》，李克强、杨百揆、刘庸安译，法律出版社 2011 年版，第 7 页。

〔2〕 参见马世鹏：《河南一法官在法院门口被打成重伤，6 天仍未脱离危险》，载澎湃网，https://www.thepaper.cn/newsDetail_forward_1303281，访问日期：2023 年 8 月 1 日。

〔3〕 参见《一女子暴力袭击法院工作人员被拘留、罚款》，载洛阳市中级人民法院网，https://hnlyzy.hncourt.gov.cn/public/detail.php?id=8670，访问日期：2023 年 8 月 1 日。

藩篱。”[1]

省级以下法院检察院人财物统管改革,对于确保宪法和法律统一正确实施,保障法院检察院依法独立公正行使职权,提升司法质效和公信力、提升政法工作能力水平具有重要意义。改革中,尽管存在法院资产管理和历史债务经费保障等问题有待配套解决,但到2017年11月,全国已有21个省区市完成省以下编制统一管理。[2] 目前,河南省法检系统也已基本完成了相应的改革方案。

二、司法治理效果问题

(一)司法公信力受损

关于当前司法公信力问题,有学者曾指出,“存在少数案件处理不公正、办案程序不合法、纠错机制不健全,以及办案效率低下等问题。且司法腐败的存量因素损害司法公信力,民众对司法的认同度仍然不高”。[3] 也有学者将其归纳为司法不公、司法腐败;司法人员的职业道德和专业素质问题;司法体制的地方化、司法决策的行政化和司法裁判的密闭化。[4] 具体而言,其主要包括以下几方面问题:

第一,司法理念畸形错位。受“统治阶级意志论”的影响,司法机关长期被视为是维护阶级统治的“刀把子”。一些司法人员受“统治阶级意志论”的影响根深蒂固,片面强调法律维护阶级统治的功能,忽视法律的社会功能;群众往往把诉诸法律作为最后的维权手段,厌讼轻讼的传统依然存在,轻易不愿意对簿公堂。在推动以审判为核心的司法改革进程中,司法公信力在一定程度上被轻视,其性质、功能等重要内容都缺乏科学评价标准。

第二,司法制度保障缺位。这主要表现在:一是程序法有待完善,司法审判过程中的程序性规定需要具体细化,少数司法审判人员在承办案件时违反程序法规定,导致司法裁判混乱的情形仍然存在。例如,有的司法裁判书中错字连篇,有的审判法官甚至连原被告、案件时间、案件地点都能写错。二是个别司法

[1] 参见张智辉:《关于人财物统一管理的若干思考》,载《法治研究》2015年第1期。

[2] 参见《最高法:21个省区市已完成省以下法院编制统一管理》,载搜狐网,https://www.sohu.com/a/201643888_260616,访问日期:2023年8月1日。

[3] 龙宗智:《影响司法公正及司法公信力的现实因素及其对策》,载《当代法学》2015年第3期。

[4] 参见何家弘:《如何提升司法公信力》,载《国家检察官学院学报》2014年第5期。

审判人员索贿受贿,一定程度上存在司法腐败的问题,重罪轻判、轻罪重判,赢了官司输了钱的案件时有发生。三是司法审判说理机制不健全,司法审判人员制作判决书很少对当事人说明理由,用两三页判决书就把案件处理完了。这种运用司法权的方式简单粗暴,在遇到疑难案件时,不仅当事人不服,有的时候律师都难以接受。而这些都在不同程度上损害了司法公信力。

(二)司法执行困难

作为守护司法公平正义的“最后一公里”,依法执行生效的司法裁判文书历来都是司法审判工作的重要一环。然而,当前司法执行难已成为影响司法公正、司法公信力的突出问题。

例如,2014年,王女士与郑州某房地产有限公司签订《商品房内部认购协议书》,全款购买该公司房屋。后因房屋交付而引发纠纷,2018年法院终审判决王女士胜诉,判决房屋归王女士所有,而该房地产公司仍然拒绝履行法律义务,2019年法院执行局将房屋强制执行判给王女士,却遭到了小区物业公司的阻挠,称开发商没让交房,尽管有司法人员在场记录为证也拒不履行。诸如此类的执行难问题,在司法实践中较为普遍。

执行难有多方面的原因:第一,执行人员专业化水平低。法院执行法官、审理法官法治意识较强,重视自身执行合法性,当遇到被执行人教科书式抗拒执行时,往往束手无策。这是执行难的直接原因。第二,物质保障不足,缺乏动力机制。特别是基层法院案件执行中,案件执行本身对负责执行的法官并没有多大利益关联,但是潜在的风险却是客观存在的。因此,基于利益权衡,消极执行在一定程度上较为普遍。第三,当前经济社会发展迅速,经济领域中的各类新旧问题、新旧矛盾交织重叠,大量涉及土地使用权、房产、股权权属争议,以及非法集资等涉众型群体性经济纠纷案件最终汇集到执行领域,客观上增加了人民法院执行工作的复杂性和艰巨性。第四,与执行有关的法律和配套制度不够健全。一方面,我国尚未出台专门的强制执行法,执行实践中的很多问题缺少相应法律规定,导致执行工作无法可依;另一方面,我国尚未建立个人破产制度,与执行有关的救助制度也不完善,导致大量“执行不能”案件久拖不决,难以实现案结事了。[1]

---

〔1〕　参见李玉萍:《司法执行难题何解》,载《人民论坛》2019年第15期。

（三）冤假错案的发生

习近平总书记指出，推进公正司法，要以优化司法职权配置为重点，健全司法权力分工负责、相互配合、相互制约的制度安排。[1] 因此，防止冤假错案发生，不仅需要建立法官错案终身追责制度，还需要协调侦查权、检察权和审判权之间的关系，努力推动以审判为中心的司法改革。从近年来发生在河南省的冤假错案来看，如胥敬祥抢劫案、张绍友“奸杀侄女”案、赵作海杀人案等，造成冤假错判的原因不尽相同，但这些案件都涉及刑讯逼供、暴力取证，都违反了程序法的规定。因此，要防止冤假错案的发生，首先应当建立和完善程序法，严格遵守非法证据排除规则。此外，对于案件承办法官，实行错案终身追责制度。

（四）司法裁判规范化不足

司法裁判总体规范化程度不足，司法裁判文书缺乏透彻全面的释理说法，一定程度存在混乱无序的情形。其具体表现为：(1)制作不完整，错、漏、重字现象严重；(2)制作不规范，表述不当现象突出；(3)一些裁判文书用语不规范，使用方言土语；(4)评理部分逻辑性不强，判决主文部分表述不一；(5)个别判决结果与诉讼请求不对应。[2] 司法裁判文书表述混乱，一定程度上损害了裁判文书的公信力。例如，2016 年，河南鹿邑县法院在审理一起民事纠纷时，同一个案件作出两份赔偿金额不同的判决书（金额前后判决为 17,618.98 元和 32,668.86 元），因此被戏称为“鸳鸯判决”。[3] 2015 年，郑州一法院判决书出现四处错误，被上诉人名字写错，时间写成 20151 年。[4]

根据《河南省高级人民法院案件评查计分标准》的规定，各类案件满分基准分均为 100 分，其中，裁判文书关键部分有差错，未予纠正，导致理解偏差的，每处扣减 10 分，裁判文书语法、逻辑存在明显错误的，每处扣减 5 分。为推进审

---

[1] 参见习近平：《加快建设社会主义法治国家》，载《人民日报》2015 年 1 月 1 日，第 1 版。

[2] 参见王立申：《民事裁判文书表述混乱现象应予纠正》，载河南省高级人民法院网，http://www.hncourt.gov.cn/public/detail.php? id=32671，访问日期：2023 年 8 月 1 日。

[3] 参见肖源、王利：《鹿邑法院承认“鸳鸯判决”存失误　对暴力阻挠采访行为致歉》，载央广网，https://china.cnr.cn/xwwgf/20161209/t20161209_523317842.shtml，访问日期：2023 年 8 月 1 日。

[4] 参见朱曦东：《郑州一法院判决书现 4 处错误　被上诉人名字写错》，载长江网，http://news.cjn.cn/mtzq/201512/t2762921.htm，访问日期：2023 年 8 月 1 日。

务公开、解决判决书错误频出的问题，最高人民法院要求从 2014 年 1 月 1 日起，符合条件的法院判决书要在网上向社会公开。2018 年 5 月，最高人民法院下发《关于全面提升裁判文书质量切实防止低级错误反复发生的紧急通知》，针对一些法院个别裁判文书存在低级错误等问题，要求各级人民法院引起高度重视，认真查找工作中存在的问题，加强源头治理，健全工作机制，落实司法责任，切实提升裁判文书质量。

第四节　全民守法意识培育能力问题

守法状况的好坏，其中守法意识培育是其成败的重要一环，公民在多大程度上知法、学法、守法、用法取决于法律制度、公民法治观念以及法治宣传教育等多重因素。目前，全民守法意识培育能力建设方面存在如下一些问题。

一、法律制度不健全

良法善治的实现，首先要有良法才可以。公民守法与否的重要影响因素就是法律的完善与否，因此，地方立法的科学性和合理性直接关系着公民守法的状况。

（一）立法失衡将对公民思维方式产生消极影响

一般认为，公民守法问题是法治观念淡薄造成的，实际上这种观点只是反映出公民法律素养低下，但并不是公民有法不依的根源。从根源上讲，法律影响公民素质，有什么样的法律，就会培育出什么样的公民。在依法行政部分提到的一些案例已经表明，地方立法不同程度存在重罚款、轻管理，违法成本低、守法成本高的问题。例如，环保造假、非法采砂、农村山寨假货遍地等问题，违法者所获得收益与其受到的法律制裁严重不成比例。群众的眼睛是雪亮的，当他们看到法律制度存在的缺陷，以及现实中违法犯罪分子攫取不当利益仍能逍遥法外时，他们很难再相信法律、服从法律。这在群众思维观念上体现为轻视法律，产生法律无用论等消极观念。

（二）立法不切实际致使公民行为方式偏激

当立法损害自身利益，而又无法通过其他途径得到合理补偿时，各种消极抗法甚至暴力抗法的事件就有可能发生。例如,2018 年 10 月 19 日晚间,央视《新闻 1 + 1》报道,河南省周口市太康县村民因燃烧秸秆被拘留 14 天。[1] 为什么农民宁可被拘留也要焚烧秸秆呢?根源在于,农业机械化粉碎秸秆不彻底,耕种时还需要投入成本进行清理;而电磁炉、液化气的使用等取代了秸秆生火做饭;此外,使用化肥成本远远高于秸秆,而中小造纸厂大量关停,秸秆对于农民来说也是废物。因此,当农民无法有效处理秸秆,或者处理成本较高时,就会有人敢于以身试法。这对地方法治建设的启示是,地方立法机关只有在立法时充分考虑到调整对象的切身利益,制定合乎实际的法律制度,才能更有效地引导和规范群众的行为,推动法律的有效实施。

二、公民法治观念有待提升

除制度缺陷导致的公民有法不依甚至公然抗法以外,公民法治观念落后也是重要原因。公民法治观念落后,主要表现在心理因素、自身素质等方面。

(一)公民心理因素复杂

第一,公民从众心理作祟,容易形成破窗效应。破窗效应理论认为,环境对人的影响是巨大的。例如,在一幢建筑中,如果有第一个人打碎玻璃而不去追惩,就可能有第二个人、第三个人继续去打碎玻璃。如果人们发现这栋建筑无人居住,人们不仅敢于打碎玻璃,还有可能闯入建筑定居或纵火。破窗效应理论解释了人们的从众心理是如何产生的,以及对社会潜在的危害。当社会环境中存在不良现象时,如果不采取措施加以遏制,就会诱使更多的人竞相效仿,甚至变本加厉。例如,街道墙壁上乱涂乱画、公共场所随地丢垃圾、中国式过马路等都是比较典型的现象。

针对公民从众心理带来的违法犯罪问题,我们决不能简单地算经济账,更不能因为制裁违法行为成本高就放任自流。例如,同样是盗窃行为,有的地方公安机关针对千元以下的盗窃,往往不愿受理,原因就是侦破案件付出的成本远远大于违法行为本身。这就容易导致基层盗窃案件频发,即使人赃并获,相应的治安处罚也不过是拘留、罚款。

---

〔1〕 参见魏巍:《为什么农民宁可被拘留也要烧秸秆》,载凤凰网,https://news.ifeng.com/a/20151020/45779288_0.shtml,访问日期:2023 年 8 月 1 日。

第二，公民侥幸心理驱动，刺激违法行为的发生。法律制度出现漏洞，或者法律实施出现失灵，往往容易刺激公民投机取巧，实施违法犯罪行为。此时，公民明知违法犯罪仍去以身试法，一个重要原因就是心存侥幸，对自己逃脱法律制裁有足够的自信。例如，中国式过马路之所以屡禁不止，从闯红灯者角度来看，原因在于：一是自身判断能力足以避免交通事故；二是闯红灯受处罚的概率极低。因此，闯红灯行为成了一种法不责众的典型。

再如，聚众哄抢情节严重的，有可能构成聚众哄抢罪。但是高速货车翻车引起的聚众哄抢案件，从各地法院判决来看，真正判处刑罚的案件不到10%，处理方式主要是针对聚众哄抢的主犯予以行政拘留、罚款和批评教育，而其他人则不了了之。例如，2019年5月12日，一油罐车行驶至河南省濮阳县307省道附近发生事故，大量燃油发生泄漏后，遭附近数十名村民哄抢。现场满地的燃油，随时可能发生燃烧，但村民若无其事地抢装燃油。为了避免悲剧的发生，消防人员用高压水枪制止哄抢。[1]

（二）公民“信访”不“信法”现象依然存在

信访制度本身是一种符合国情，具有中国特色的公民权利救济制度，是化解社会矛盾的一条重要渠道。然而问题是，多年的治理未能改变当前公民“信访”不“信法”的现象，越级上访、拦车上访事件时有发生。其根源在于：

第一，司法不公激化社会矛盾，导致群众上访。民众之所以走上上访之路，一个重要原因就是司法诉讼维权渠道不畅，不得已通过信访渠道来维权。除了极个别的特例，绝大多数民众走上信访维权的道路都是被逼无奈的选择。

第二，信访比司法诉讼成本低，获益较大。民众更愿意选择信访，通过向更高级别的行政机关上访，谋求行政干预司法。

第三，受地方政府机关考核制度的影响。“小闹小解决、大闹大解决、不闹不解决”。甚至有些地区将信访考核作为当地政府干部政绩考核的标准，导致地方政府不得不动用大量人力、财力和物力进行“截访”。民众通过越级信访，要求地方政府出面解决问题。

第四，信访成功者的示范效应。当民众通过“信访—行政干预—司法诉讼”

---

〔1〕 参见《无知！河南濮阳油罐车泄漏遭村民哄抢，警方制止不住只能用水枪驱赶!》，载搜狐网，https://www.sohu.com/a/314762529_99958859，访问日期：2023年8月1日。

达到目的时,很容易形成示范效应。但是,这种示范效应并不是能解决所有社会矛盾。贺雪峰曾指出,信访制度能解决可以解决的问题,却不能解决无法解决的问题。此外,极少数缠访闹访者妨碍国家机关正常秩序、谋求不正当利益,所形成的社会负面效应也不容忽视。

例如,2000 年,被告人郭某清、李某珍夫妇因土地承包经营权属与同村的谢某云发生纠纷,后历经河南省商丘市睢阳区路河乡农业承包合同仲裁委员会裁定、商丘市睢阳区人民法院判决,郭某清夫妇的请求未得到支持。2009 年 8 月 26 日,郭某清向商丘市中级人民法院申请撤回对谢某云的起诉。2009 年 9 月以来,郭某清夫妇长期上访,被登记 14 次,被训诫 1 次,被路河乡政府工作人员多次接回,其间,郭某清、李某珍以上访为由要挟向路河乡工作人员强行索要其与谢某云争议地块的粮食补贴款 4100 元。[1]

三、农村基层自治组织缺位

全民守法的一个重要目标是建设法治社会。因此,基层社会法治发展水平关系到法治社会发展成熟程度,同时也反映了全民守法的实际水平。作为农业大省,河南省法治建设的程度,在很大程度上取决于农村基层法治建设。2019 年《河南省农村经济社会发展报告》显示,河南仍存在农村基层组织力量薄弱、村集体经济发展不均衡、“三留守”人员较多等问题。当前农村基层组织发展现状不容乐观,相当一部分农村基层组织陷入瘫痪失灵的状态,导致农村法治建设缺少必要的组织保障。

(一)农村基层自治组织失灵的原因

在城乡二元经济背景下,城乡发展不均衡问题较为明显。这对农村基层组织的影响深远。

第一,农村经济发展明显滞后。在城乡二元经济格局条件下,存在诸多问题:城乡收入差距明显扩大;农业技术更新缓慢;农村基础设施建设落后,投资环境较差;农村中小企业的发展举步维艰;农业经济增长受滞。河南省乡村经济基础薄弱,体量普遍偏小,农村投融资机制单一。2021 年,河南省乡镇的工业

[1] 参见王艳秋、李萍:《缠诉闹访 15 年　咎由自取终获刑》,载河南省高级人民法院网,http://www.hncourt.gov.cn/public/detail.php?id=158686,访问日期:2023 年 3 月 30 日。

企业数量、规模以上工业企业数量、住宿餐饮业企业数量、商品交易市场数量已连续3年呈减少趋势。村级产业发展滞后，收入来源相对单一，多数村没有经营收入。村集体经济收入大多来自土地租赁、上级补助、征地补偿、土地流转金等。2021年，只有28.8%的村有经营性收入，其中村集体经营收入仅占村集体收入的26.2%。[1] 大量青壮劳动力进城务工，农村资源不断地被汲取到城市，导致农业发展所需的人力、财力、物力等匮乏。马克思说过，经济基础决定上层建筑。城乡二元经济格局决定了农村经济发展长期受滞，很难为农村法治建设提供最基本的经济基础。

农民增收渠道拓展难度加大。2021年1—9月，河南农村居民人均可支配收入为11,987元，但同期全国农村居民人均可支配收入为13,726元，同比增长11.6%，仅相当于全国平均水平的87.3%，增速也低于全国平均水平2个百分点，与全国平均水平的差距略有扩大。在收入结构上，工资性收入和经营性收入作为农民增收的传统动能逐渐减弱，工资性收入增速近年来持续趋缓，经营性收入面临成本高企、收益总体偏低的局面。2021年，主要得益于价格的上升，全省小麦亩均收益虽然同比大幅增长，但依然只有636.8元，总体仍然偏低；[2] 财产性收入和转移性收入虽然仍将持续增长，但尚难以发挥支撑农民增收主渠道的作用。

第二，农村民主政治进程缓慢。受城乡二元经济格局影响，农村人口大量外流，农村空心化现象较为严重。特别是广大青壮年外出打工、读书，导致农村精英流失。农业技术服务机构从业人员已连续5年减少。2021年，在行政村中，留守老人、留守儿童、留守妇女多达512.40万人，占常住人口的7.2%，比2020年增加了1.6%，占比增加了1.5个百分点。村干部报酬低，工作压力大，且没有上升空间，导致村民自治组织失灵现象较为明显。此外，基层组织党员干部的整体素质和能力不高，村级监督难以到位等问题，制约着农村民主政治发展。村干部学历普遍偏低，村党支部书记和村委会主任，初中及以下学历的

---

〔1〕 参见河南省统计局：《辉煌十年　乡村迎来快速发展——党的十八大以来河南省乡村社会经济发展报告》，载河南省人民政府网，https://www.henan.gov.cn/2022/10-27/2629651.html，访问日期：2023年8月1日。

〔2〕 参见河南省社会科学院课题组：《全面推进乡村振兴　加快农业农村现代化——2021—2022年河南省农业农村发展形势分析与展望》，载李同新主编：《河南农业农村发展报告（2022）》，社会科学文献出版社2021年版，第23页。

分别有 18.2% 和 43.0%。村干部年龄偏大，村党支部书记和村委会主任在 60 岁以上的有 9.0% 和 14.9%。[1] 在一些资源丰富的村庄，为争夺土地、资源等现实利益，村民组织与村民之间的矛盾在一定范围内普遍存在。而在一些资源匮乏的村庄，由于无利可图，村庄事务无人问津。邻里矛盾、家庭纠纷等社会问题无法解决。同时，地痞混混、偷盗诈骗等影响农村社会秩序的违法犯罪问题较为严重。

第三，农村文化建设落后。其具体表现为：一是文化娱乐活动匮乏，缺乏精神寄托。农村文化生活缺失，人们把闲余时间用来打牌、看电视，这使赌博在一定程度上泛滥；同时，反映农村生活的影视作品寥寥无几，各种拜金主义的影视剧腐蚀农村群众的思想观念。二是相比于城市教育水平，农村教育发展滞后。农村学校硬件、师资队伍等方面都无法与城市教育相提并论。三是农村基督教迅猛发展，其影响不容小觑。有学者进行田野调查发现，农村人口信仰基督教的原因主要包括：精神空虚，寻求精神寄托；文化生活贫乏，寻求互动空间；希望在生产生活中相互帮助，或者信仰基督教可以治病强身。总之，由于农村基层组织的失灵，一些原本属于村民自治的事项，农民转向宗教寻求帮助。

（二）农村基层自治组织失灵的后果

1. 滋生违法犯罪

例如，中国十大诈骗之乡有 6 个发生在农村地区：(1) 江西省余干县石溪村，通过张贴小广告、短信群发和电话群播以及伪基站的方式群发重金求子信息，引诱受害者上当。然后以办理公证费、同居费和定金等进行诈骗。自 2010 年至今，余干共抓获“重金求子”涉案人员 360 多人，其中 200 多人来自石溪村以及相邻的团林李家村，诈骗受害者遍布全国 20 多个省区。(2) 河北省丰宁县西官营乡，通过事先在网上购买的个人信息，冒充东北黑社会威胁恐吓受害人，进行诈骗。该县两个乡共有 28,030 人，在摸排过程中排查出 426 人为重点嫌疑人。(3) 甘肃省岷县小寨村，冒充乞丐骗取人们的同情心，获得金钱。该村被称为“全国第一乞丐村”，村里的人以乞讨的形式实现了买车买房的梦想。(4) 湖南娄

[1] 参见河南省统计局：《辉煌十年　乡村迎来快速发展——党的十八大以来河南省乡村社会经济发展报告》，载河南省人民政府网，https://www.henan.gov.cn/2022/10-27/2629651.html，访问日期：2023 年 8 月 1 日。

底市双峰县走马街镇，利用制假证积攒下的技术手段，从“雷政富案”得到灵感，通过 PS 艳照，敲诈心里有鬼的老板或官员。（5）海南省儋州市木棠镇高梨村，通过网上高价购买的 400 个电话与客服手机进行绑定和受害者的乘机信息，在飞机起飞的前一天通过短信通知航班延误、取消或者航空管制，以客服人员的名义要求乘机人退票或改签。以收取手续费为由获取受害人的银行卡密码，进行诈骗。（6）河北省邯郸市、邢台市走出“包小姐”。[1] 这些地方绝大多数是经济发展落后地区，村民组织很大程度上已经陷入瘫痪，有的甚至是村委会主任带头参与违法犯罪。此外，乡村社会亲戚、同学、朋友等熟人关系的影响，进一步导致违法犯罪的泛滥。诸如拐卖儿童、偷盗诈骗、聚众赌博等违法犯罪行为，出现“村里人知道，只有警察不知道”的现象。

2. 产生宗教迷信

历史经验表明，经济陷入贫困，社会组织缺失，文化活动匮乏，人们渴望摆脱物质贫乏，此时就极其容易产生精神空虚。邪教往往伪装成拯救世人的宗教，蛊惑人心，趁机宣扬迷信思想。实际上，所有邪教的共同本质是披上宗教外衣，故意歪曲宗教教义，谋取不法利益；同时，建立起一套高度集中的管理组织，从成员招募到管理，有着一套严密的组织体系，对违反规定的成员进行人身迫害，甚至危及其生命。因此，打击邪教犯罪，除了要让人们认识到邪教的危害，更重要的是要让人们认识到邪教的逻辑陷阱以及组织体系。

四、法治宣传教育有待提升

（一）法治宣传教育脱离群众生活

在实践中，绝大多数的法治宣传教育方式仍是以标语式、广场式、传单式为主，群众喜闻乐见的宣传方式并不多。这种宣传方式的缺点在于：一方面，有的法治宣传内容过于专业，群众并不了解真正的含义，如专业的术语名词，侵权违约竞合等，即使是法律专业人士也需要查找相关法律才能确定；另一方面，有的法治宣传内容过于简单，无法满足群众法律维权的实际需要。因此，脱离群众生活的法治宣传活动，就成了官方主导、群众配合，认认真真走过场的活动，实际上并没有真正满足群众对法律的需要。

---

〔1〕 参见《中国 7 个“诈骗之乡”，90% 中国人受其骚扰》，载搜狐网，https://www.sohu.com/a/74293336_393920，访问日期：2023 年 8 月 1 日。

例如,各地发生的预售房维权纠纷中,每一起案件中受害群众都多达数百人。他们在交付购房款后,遭遇开发商一房数卖,且资不抵债,钱房两空。有的甚至耗尽两代人积蓄才凑足了购房款。还有的购房者不了解预售房资质,贪图开发商许诺的优惠价格,最终也血本无归。他们在维权中共同提到一点,要是早一点了解关于不动产登记生效的规定就好了。而相关的法治宣传教育却很少出现。

(二)法治宣传教育定位模糊

作为外生型法治模式,我国社会主义法治建设是以政府主导、自上而下的方式推进的。地方法治宣传教育也不例外,相关部门对法治宣传教育的认识存在一定的误区:一方面,对法治宣传教育的艰巨性、长期性没有清醒认识。受传统人治思维的影响,由人治思维向法治思维的转变并不是一朝一夕所能完成的。特别是在社会变革转型的复杂形势下,在全社会树立法治思维,离不开市场经济发展、民主政治改革、公民文化建设等多重因素。河南省作为农业大省,由法治向人治的转变还有很长的路要走。另一方面,有关部门一定程度上迷信手中的权力,认为国家权力强力推进是保证法治宣传教育、树立法治思维的关键。说到底,这种做法仍是把群众当作无知的学生,试图以国家权力来改造群众的观念、行为。事实上,法治宣传教育绝不是纯粹依靠国家权力所能完成的,它还需要群众的认同、支持和参与。因此,法治宣传教育需要政府和社会共同参与,形成上下良性互动的格局。

(三)法治宣传教育缺乏系统性

法治宣传教育本应当宣传权利和义务相统一,不能重义务、轻权利。在实践中,重义务、轻权利的宣传并不少见。例如,有的地方规定,“禁止随地大小便,违者罚款五十元”。这种义务性宣传本身无可厚非,但前提是应当保障公民的基本权利,应当建立必要的公共卫生设施。单纯地宣传公民履行义务,而不享有最基本的权利,这种宣传教育既不符合生活实际,也不符合法律逻辑。诸如此类的法治宣传教育,很容易引起群众的反感和抵触。更有甚者,有的地方政府在宣传法治的过程中,将法治理解为治民的工具,从宣传手段到言辞表达等处处反映出管制约束群众的“刀把子”思想。这种宣传严重削弱了法律权威,也挫伤了群众学法、守法、用法的积极性。实际上,这种思想曲解了法治的精神,法治首先应当是设定边界、引导权力的合法良性运行,根本目的是保护公民权利。

第五章　法治河南未来建设的理性展望

从某种程度上讲,本章其实是在回应一个比较沉重且复杂的问题:河南地方法治向何处去?从民国时期的“变法图强”到当代的“依法治国”,国人在探索强国道路上历经“磨难”。于今而言,梁漱溟先生“认识旧中国,建设新中国”的口号仍具有鲜活的意义。这就需要我们冷静理解中国及中国河南“兴盛与危机”背后的“稳定结构”,[1] 挖掘其中的内在逻辑,审慎提出可能的解决方案。从理论上来看,“法治河南”涉及“法治”“河南”。“法治”本身自不待言,既是一个政治概念,更是学术概念。“河南”固然是一个地理概念,具有空间维度,但更是一个历史概念,具有时间维度。所以,我们将从“法治”与“地方”河南、“历史”河南的关系方面展开分析其中存在的理论问题。在完成上述考察之后,我们将就“时空交错下的法治河南建设向何处去”这个宏大但又具体紧迫的问题给出自己的答案。

第一节　法治与“地方”河南:空间的分析

关于“地方法治”,目前理论上存在一定的争议。[2] 例如,雷磊教授就指出,“地方法制要想提供对于法治的独特理解,前提在于‘地方法制’能够成为一个规范性概念。但‘地方法制’的实体论定义解释力不足(独特性不明显),且必然要以‘法治’的概念为前提;而作为方法论之‘地方法制’的诸多要素最终

---

[1] 参见金观涛、刘青峰:《兴盛与危机:论中国社会超稳定结构》,法律出版社2011年版,第23~25页。

[2] 参见葛洪义:《作为方法论的“地方法制”》,载《中国法学》2016年第4期;倪斐:《地方法治概念证成——基于治权自主的法理阐释》,载《法学家》2017年第4期;葛洪义:《何以“应当”——地方法制的规范性维度》,载《中国法律评论》2019年第3期;雷磊:《“地方法制”能够成为规范性概念吗》,载《中国法律评论》2019年第3期;等等。

都来自特定版本的法治观念”。从规范性角度来看,“地方法治”的概念可能存在一定理论争议。但从作为一个经验性命题来讲,“地方法治”无疑可以成立。或者说,“‘地方法制’至多只是一种非理想的规范性概念,‘地方’仅具有经验色彩”。[1] 由此,论及河南地方法治,一方面涉及法治的宏观概念,另一方面涉及河南地方特色。法治自不待言,河南特色则尤需强调。在我们看来,从空间角度来看,以下几对关系需要我们认真对待。

一、大国、中原与法治

中国疆域广阔、人口众多,在这片土地上孕育了灿烂的华夏文明。河南地处中部,更是华夏文明的发祥地。河南地处中原,自古乃兵家必争之地。传统中国是一个农耕文明的社会,这和中华民族的地理背景紧密相连。与古希腊相比,“中国是大陆国家,古代中国人认为,他们的国土就是世界”。[2] 一方面是作为大国的中国,另一方面是作为中原之地的河南,这必然涉及河南在整个中国法治建设中的地位和作用问题。就此而言:第一,河南法治建设离不开中国法治建设的宏观背景。河南作为中国的一个内陆省份,其经济、政治、文化、法治等的发展必然在整体上依赖中国。第二,中国法治建设也无法“漏下”河南法治建设。所以,河南地方法治建设,既依赖于中国整体法治建设,又构成了中国整体法治建设的一个不可或缺的部分。然而,要深入理解二者与法治的关系,我们需要进一步了解法治作为治理方式的意义。

治理(governance)是一个古老又现代的词语。宽泛来讲,在西方政治哲学的传统中,从柏拉图、亚里士多德到近现代的诸多思想大家那里,治理的话题长盛不衰。然而,严格来讲,按照学界公认的理解,治理作为克服传统统治模式之问题的对应性策略,是 1989 年世界银行在概括非洲国家治理的糟糕情形时提出的评价性概念,其目的在于走出“治理危机”(crisis in governance)。[3] 根据世界银行的定义,“治理是利用机构资源和政治权威管理社会问题与事务的实践”。[4] 治理理论主要创始人罗西瑙(J. N. Rosenau)、学者罗茨(Rhodes)等对

---

〔1〕 雷磊:《“地方法制”能够成为规范性概念吗》,载《中国法律评论》2019 年第 3 期。

〔2〕 冯友兰:《中国哲学简史》,北京大学出版社 2010 年版,第 14 页。

〔3〕 参见魏治勋:《“善治”视野中的国家治理能力及其现代化》,载《法学论坛》2014 年第 2 期。

〔4〕 World Bank, *Managing Development*: *The Governance Dimension*. Washington D. C, 1994, p. 5.

“治理”进行了深入的研究。[1] 其实，就“治理”理念而言，传统中国已有丰富的探讨。[2] 国内研究“治理”理论的专家，首推俞可平，其长期关注治理问题。关于国家治理，周学光、周黎安、曹正汉等社会学者亦展开过精细的探究。[3] 相对而言，法学界的探讨深度有所欠缺。法治是与人治相对的一种社会治理方式，其本身就具有恒久的理论价值和鲜活的实践价值。通常来讲，法治作为一种治理方式，涉及一国主权范围内所有的法律事项。然而，法治作为治理方式又不可能仅仅停留在国家层面，它需要深入更为微观的省域、市域等层面。而且，唯有法治真正深入上述微观层面，法治的意义才会更加凸显。所以，中国法治建设的推进必然会对河南地方法治建设提出要求，而河南地方法治建设也必然是中国法治建设的延伸和拓展。

二、开放世界、本土河南与法治

对外开放是中国的基本国策，改革开放改变中国的面貌，使中国越来越融入世界。河南属于内陆省份，黄河穿越河南中部而过。虽然河南地处内陆，但河南的改革开放事业也紧跟中国改革开放的潮流。尤其是郑东新区、郑州航空港等的建设，更是加速了河南改革开放事业的发展。世界潮流，浩浩荡荡，法治是大趋势。其实，世界上不存在“一成不变”的法治模式，也不存在“放之四海而皆准”的法治模式。作为一个拥有近 1 亿人口的大省，河南本身就构成了“世界”的一个重要部分。所以，研究“河南”某种程度上就是在研究“世界”，我们并非狭隘意义上的以“中国特色”拒绝“普世关怀”。相反，这是作为一名中国法律人必然要承担的学术“责任”担当。而且，在我们看来，“河南”的问题其实

---

[1] 参见杜飞进：《中国现代化的一个全新维度——论国家治理体系和治理能力现代化》，载《社会科学研究》2014 年第 5 期。

[2] 参见李龙、任颖：《“治理”一词的沿革考略——以语义分析与语用分析为方法》，载《法制与社会发展》2014 年第 4 期。

[3] 参见曹正汉：《中国上下分治的治理体制及其稳定机制》，载《社会学研究》2011 年第 1 期；俞可平：《中国治理变迁 30 年(1978—2008)》，载《吉林大学社会科学学报》2008 年第 3 期；俞可平：《论国家治理现代化》，社会科学文献出版社 2014 年版；周黎安：《行政发包制》，载《社会》2014 年第 6 期；周雪光：《国家与生活机遇：中国城市中的再分配与分层 1949—1994》，中国人民大学出版社 2015 年版；周雪光：《权威体制与有效治理：当代中国国家治理的制度逻辑》，载《开放时代》2011 年第 10 期；周雪光：《国家治理逻辑与中国官僚体制：一个韦伯理论视角》，载《开放时代》2013 年第 3 期；周雪光：《从“黄宗羲定律”到帝国的逻辑：中国国家治理逻辑的历史线索》，载《开放时代》2014 年第 4 期。

更是一个学术富矿,从中完全可以发现许多具有“普世”意义的规律、原理。基于此,我们须从更为广阔的世界视角来梳理法治的流变,考察其对河南的启示。

首先,从西方文明的发展来看“法治”。在英文里,笼统而言的“法治”表述,通常有“rule of law”“rule by law”“rule according law”“government through law”等。在德语世界中,“法治”通常用“Rechtsstaat”(法治国)表示。在西方,最早提出法治定义的思想家,当属古希腊的亚里士多德。他在《政治学》一书中说:“法治应包含两重意义:已成立的法律获得普遍的服从,而大家所服从的法律又应该本身是制定的良好的法律。”〔1〕亚里士多德将作为理性的法治与作为感性的人治作了对比,“谁说应该由法律遂行其统治,这就有如说,唯独神祇和理智可以行使统治;至于谁说应该让一个人来统治,这就在政治中混入了兽性的因素。常人既不能完全消除兽欲,虽最好的人们(贤良)也未免有热忱,这就往往在执政的时候引起偏见。法律恰恰正是免除一切情欲影响的神祇和理智的体现”。〔2〕罗马对法治传统的积极贡献体现于西塞罗,他强调,“法律是根据与自然——万物中首要的和最为古老的——一致而制定的有关事务正义和不正义的区别”。〔3〕对于西塞罗而言,法律的至上地位取决于它们与自然法的吻合。他相信,自然法是理性的法则。根据理性的法则,法律应该造福于共同体,应该是正义的,应该维护其公民的幸福和安全,而且理性的自然法居于实在法之上,也居于人类行为之上。总结而言,古典时期的法治是人治的次要方案,其与自然法保持着紧密联系。中世纪,亚里士多德借由托马斯·阿奎那的理性与教会相容之论证而得到教会的认可,阿奎那主张,虽然主权者免受法律的强制力,但他依上帝的判断,他受法律的限制,受神法和自然法之约束,对他们的制裁由上帝施与。〔4〕在此期间,国王与教皇间的最高权之争、日耳曼习惯法和《大宪章》都对法治发挥贡献作用,中世纪政治理论的主要基础是法律至上原则。但随着16世纪宗教改革、18世纪启蒙运动之后,神法和自然法与实在法分离;在此之前,君主之所以被认为受实在法约束,主要是自然法、神法和习惯法

〔1〕参见[古希腊]亚里士多德:《政治学》,吴寿彭译,商务印书馆1965年版,第202页。

〔2〕参见[古希腊]亚里士多德:《政治学》,吴寿彭译,商务印书馆1965年版,第172页。

〔3〕[古罗马]西塞罗:《国家篇 法律篇》,沈叔平、苏力译,商务印书馆1999年版,第189页。

〔4〕See Thomas Aquinas, *Treatise on Law*, 96. Art. 5, Wash. DC: Regnery Gateway, 1987, p. 100.

的要求，但现在实证法就要自证其成了。法治如何与主权的立法权威协调，可以说是法治的一个永恒主题。[1] 西方在17世纪晚期和18世纪形成自由主义，其关于自由的论题有政治自由、法律自由、个人自由和自由的制度化保护，由此回答如下问题，即处于法律之下的个人怎样仍然自由。可以说，根据古希腊的观念，国家和法律的恰当导向是增进美德和共同生活；根据中世纪观念，国家和法律的作用被认为是创造基督教生活和世俗共同体并使之永久化。在这两种情况下，法律被看成反映了一种实质的善的远景，体现了一种具有共同目的的共同生活方式。而自由主义观导向由互不干涉的协议聚合起来的个人集合体。[2] 可见，这一时期的法治内涵更多在于自由的保护。但从19世纪末至20世纪晚期，古典自由主义让位给社会福利主义，尽管法治在当下空前流行，但理论家们所谓法治已经在西方衰落的广泛共识也已出现。保守派针对行政权的扩张对法治的损害展开批判，哈耶克认为，相关的实质平等与实质正义的目标在本质上与法治矛盾。[3] 但法律现实主义首先对概念形式主义和规则形式主义发起攻击，批判法学则试图重新捡起法律现实主义的主题，推动不确定命题，借此促进法治衰落。而德沃金、诺内特和塞尔兹尼克则分别从整全法、回应型法观念对法治的窘境进行了回应。[4] 时至今日，关于法治的争论仍在继续中。

而站在中国传统文化和国家治理的历史进程中来看，“法治”的历史印迹同样处处可见。事实上，对法律、对制度价值的高度肯定，极早就受到了先人的关注。公元前536年，郑国“铸刑书于鼎”（刑即为法），后来，晋国也“作刑书”。郑国与晋国先后采取了把刑法铸在鼎上，制定刑法，公布刑法，推行法治。当时，先秦诸子文献里即出现“法治”一词，如法家典型代表《商君书·慎法》中有“法任而国治矣。”[5]《韩非子·心度》中有“故治民无常，唯治为法。”[6]缔造第一个大一统王朝的秦，即以法家为国家建设的基础。法家主张“一断于法”，而

---

〔1〕参见［美］布雷恩·Z. 塔玛纳哈：《论法治——历史、政治和理论》，李桂林译，武汉大学出版社2010年版，第19～40页。

〔2〕参见［美］布雷恩·Z. 塔玛纳哈：《论法治——历史、政治和理论》，李桂林译，武汉大学出版社2010年版，第53页。

〔3〕See Hayek, *The Road to Serfdom*, Chicago: University of Chicago Press, 1994, p. 80 – 111.

〔4〕参见［美］布雷恩·Z. 塔玛纳哈：《论法治——历史、政治和理论》，李桂林译，武汉大学出版社2010年版，第77～116页。

〔5〕石磊译注：《商君书》，中华书局2011年版，第171页。

〔6〕韩非：《韩非子》，北方文艺出版社2013年版，第435页。

无论亲疏、贵贱、上下、尊卑,破除贵族人治,而努力推进国家法治,以实现变法图强。荀子还提出,“法者,治之端也”,强调法律在治理中的决定性意义,同时,他也关注到“法”与“人”的关系,他提出作为统治者的“人”对国家制度的建设和执行起着至关重要的作用,因此,必须关注治人与治法的关系。自汉代大一统王朝,儒法结合的社会治理模式下,董仲舒提出的“春秋决狱”,不仅为法律伦理化即法律必须以伦理为根基提供了理论论证,站在法治的视角来看,更重要的是解决了伦理法律化的道德难题,进一步强调了纠纷处理中法律的终局性价值和国家强制力的秩序塑造功能。唐时,亦提出“律令格式,为政之本”,更出现《唐律疏议》等解释性法律文献,更充分表现出时人对法律的尊崇。而宋代适应农业经济的新变迁,则将这种法律对社会的治理紧密结合,其调整的重心从国家政权运行扩大到社会运行层面,民事立法甚至包括讼师的出现更充分证明了“法治”对基层社会的冲击。《大明律》《明大诰》的重刑主义虽与现代司法文明相距甚远,但其对法典治理以图长治久安的希冀却十分鲜明,法律始终得到统治者的高度重视。

当然,现代意义上的法治是中华法系的又一次自我革命和自我创新。面对西方殖民主义的民族危机,清末立宪和修律变法尽管只在文本意义上得以完成,但仍然集中凸显了中华法系救亡图存的努力。南京国民政府完成了中国历史上第二套近代化的法律体系,但基于其封建官僚资本的立法本位,并未能解决现实的问题和危机。进入近代以后,在以西方为主的外来法律文化的影响下,中华法系被迫偏离了自己的轨道而不断转型,而经历了痛苦的奋斗之后,只有中国共产党人领导的新民主主义革命和中国特色社会主义革命和建设找到了正确的方向,法治中国的现代化正是道路探索的阶段性成果。在这一历程中,本土与西化的冲突、现代与传统的冲突始终存在,最终,我们发现只有立足本国实际的吸收、借鉴和融合才是真正的大道。中国特色的社会主义法治必然是立足于自己实际国情、符合中华民族和全体人民利益的法治。

从开放世界的角度,从上述关于法治的流变概况我们可以看出,关于法治并不存在一个“一成不变”的意义。相反,不同历史文化语境中产生了迥异之法治含义,而这些含义又随着时代变迁而发生着改变。同时,尽管法治流变过程纷繁复杂,但我们若仔细观察,还是可以在一定程度上抓住其最为核心的“硬核”:其一,法律至上,无论东方西方,法治必然要求法律的至上权威。其二,法治在形式与实质之间的“摇摆”。历史发展进程中,任何单一的形式法治和实质法治都是不可取的,法治一定是形式与实质的辩证统一。其三,法治建设对任何一个民族国家而言,都具有其独特性,不能忽略实际去建设和发展法治。在改革开放的宏观背景下,基于中国式现代化发展对法治中国建设的坚定选择,法治中国必然得到更加全面、更加完善的体系发展,河南地方治理的前进方向注定被裹进这一历史潮流。

三、农业大省、城市与法治

河南属于粮食大省,自古以来就是国家的重要粮仓,这和中国整体地理背景相关。冯友兰先生在他所生活的年代就谈道:"由于中国是大陆国家,中华民族只有以农业为生。甚至今天在中国人口中从事农业的估计占百分之七十到百分之八十。在农业国,土地是财富的根本基础。所以贯穿在中国历史中,社会、经济的思想和政策的中心总是围绕土地的利用和分配。"[1]传统河南的地理经济环境更是如此。新中国成立以来,尤其是改革开放以来,农村发生了巨大的变化,这也导致农村、农民私人生活的变革。"非集体化后,老一辈人的权威继续下跌,因为家庭农业的恢复并不等同于传统的家庭化社会组织模式的修复。在农业生产中,虽然具体的工作是由家庭来组织的,但整个家庭经济却受制于国家政策与市场需求。另外,由于农村经济的多样化以及外出机会的增加,也使大批农民转入工商业部门工作。"[2]在此种大背景下,城市化的趋势"愈演愈烈"。以笔者的亲身经历来看,现在农村中的年轻人结婚,女方多要求男方"有房有车",而且房子要位于城市市区。已经在农村成家的年轻人或中年人,只要经济稍微宽裕,都准备或者已经在城市购房,即便自己并不居住。可以说,当下河南的农村,正在自觉或者不自觉地自行城市化。

在此过程中,就微观行动者追求自身幸福的自主、自由而言,这无可厚非,甚至还应当鼓励。而从外在观察者的角度来看,这又会引发一系列问题。第一,"空心村"的问题。随着农村青壮年大量、持续地流向城市,农村中逐渐只留下一些老年人和进城务工人员的子女。老年人的养老、留守儿童的教育问题近年来逐渐成为一个社会问题。同时,农民在城市购房,多是举一家之力,甚至向

---

〔1〕 冯友兰:《中国哲学简史》,北京大学出版社2010年版,第15页。

〔2〕 [美]阎云翔:《私人生活的变革:一个中国村庄里的爱情、家庭与亲密关系(1949—1999)》,龚小夏译,上海书店出版社2006年版,第259页。

亲戚朋友转借才能够凑足房款首付,这就引发人力、财富源源不断地流向城市,从而使城市越加繁荣,而农村日渐衰败。除非农村的配套改革措施能够纠正上述现象的后果,否则这会加剧本来就已经严重的农村和城市的两极分化。第二,进城农民的子女教育问题。有些进城农民的子女仍旧留在农村,跟着爷爷奶奶生活。由于爷爷奶奶年龄大,他们无法周到照顾其生活。更为严重的问题在于,爷爷奶奶与孙子孙女的精神沟通更少,这导致许多留守儿童精神上的"落寞""无助"。有些进城农民的子女跟随父母一起来到城里,但随之而来的问题是上学问题。许多城市学校的招生名额通常是有限的,这导致子女入学非常困难。即便入学,由于家庭背景不同,也会引发融入班集体的问题。第三,进城农民自身的就业、医疗等问题。许多农民进城,但其户籍仍旧留在农村,这导致其无法享受城市提供的就业、医疗保障等福利措施。以上种种问题其实都反映了一个大省从农业社会向工业社会转型的过程中必然要遭遇的难题,要保障相关转换能够有序展开,法治体系的快速建设是其关键。只有从立法、司法、执法等各个环节综合协调农业、农民、农村的利益和诉求,才能有序稳定实现社会转型。

第二节　法治与"历史"河南:时间的分析

传统中国以农耕社会为基础,安土重迁,无论是政治体制的构建,还是文化系统的形成延续,都处处依赖于自然。时至今日,中国正在经历现代化历程中具有决定性的深刻变革,对自然、对历史的跨越和超越成为新的命题。如何才能平稳渡过"历史三峡",是现代中国社会的一大问题。十一届三中全会召开以来,我们党锐意改革、扩大开放,推动了中国社会的重大发展。可以说,改革开放攸关当代中国社会命运,新时代仍需全面深化改革。十八届三中全会审议通过《中共中央关于全面深化改革若干重大问题的决定》提出,全面深化改革的总目标是完善和发展中国特色社会主义制度,推进国家治理体系和治理能力现代化。为此,十八届四中全会审议通过的《中共中央关于全面推进依法治国若干重大问题的决定》提出,全面建成小康社会、实现中华民族伟大复兴的中国梦,全面深化改革、完善和发展中国特色社会主义制度,提高党的执政能力和执政水平,必须全面推进依法治国。党的十九大报告更是明确提出,全面依法治国是国家治理的一场深刻革命。于今而言,"走向法治"已然成为共识,因为唯有如此,中国才能平稳渡过“历史三峡”,开创新时代的辉煌业绩。法治在某种程度上讲就是“法而非人的统治”,但法律本身的制定、实施等又须臾离不开人的因素。法治始终在人的自由行为与法律规范确定下的行为之间寻求那美好的平衡。在当下中国,面对传统、面对改革,法治如何从一个美好的政治或法律理想真正获得实践上的巨大成功,将法治中国的理想转化为现实,就构成了一个亟待解决的理论和实践难题。而地处中原的河南,更是上述中国问题的典型缩影,传统与现代法治之间的纠缠尤为激烈。

一、法治河南的制度变迁理论根基

河南的法治建设无疑是一次重大的制度变迁,而任何制度变迁都有“路径依赖”(path - dependence),历史因素会影响甚至决定制度变迁的开始、持续和终结。路径依赖概念最早来自生物学,英国胚胎学家、遗传学家瓦丁顿(Waddington)在研究物种进化分叉和物种等级次序时发现,物种进化一方面取决于基因的随机演变和外部环境,另一方面还受基因自身存在的等级序列控制。所以,当物种进化时,偶然性因素启动序列控制机制,使物种进化产生各种各样的路径。[1] 这是路径依赖本来的含义。在经济学界,路径依赖最早产生于对技术变迁的分析。1990 年,诺思(Douglass C. North)创立了制度变迁的路径依赖理论。他认为,路径依赖是理解长期经济变迁的关键。制度变迁和技术变迁一样,存在自—增(self - reinforcing)或正面反馈(positive feedback)机制。菲尔德(Field)认为,诺思的方法对“法律结构和制度的研究具有巨大的潜在帮助”。[2]“现代化”在英语里是一个动名词——modernization,意为“to make modern”,即“成为现代的”之义。“现代化”作为一种理论或学说是在半个世纪前出现的。1951 年 6 月,美国社会科学研究会经济增长委员会主办的学术刊物《文化变迁》首先使用“现代化”一词来描述从农业社会向工业社会的转变特征。[3] 美国哈佛大学政治学教授塞缪尔 · P. 亨廷顿(Huntington Samuel P.) 曾在《导致变化的变化:现代化、发展和政治》中指出,“现代化是一个革命的过程、复杂的

---

〔1〕 See Waddington, *The Strategy of Genes*, London: Cambridge University Press, 1957, p. 25.

〔2〕 See Field A. J. , *New Economic History and Law and Economics*, in Bouckaert B. , DE Geest G. , eds. , Encyclopedia of Law and Economic, Edward Elgar, 2000, p. 747.

〔3〕 参见蓝志勇、魏明:《现代国家治理体系:顶层设计、实践经验与复杂性》,载《公共管理学报》2014 年第 1 期。

过程、系统的过程、全球化的过程、长期的过程、阶段性的过程、同质化的过程、不可逆的过程、进步的过程。"[1]

传统河南从某种程度上讲是一个伦理本位的社会，由此也衍生出费孝通先生所讲的"差序格局"。从某种程度上可以说，传统河南的"乡土"环境决定了其农耕生产方式，进而决定了其以伦理为本位的"熟人社会"特征。虽然现代化的开始是被动的，但之后的救亡图存则带有某种程度的自觉、自强。事实上，整个世界的现代化的潮流本身不可阻挡，西方的坚船利炮可能只是现代化的"引子"而已，"科学的发展突破了地域，中国不再是孤立于'四海之内'了。她也在进行工业化，虽然比西方世界迟了许多，但是迟化总比不化好。说西方侵略了东方，这样说并不准确。事实上，正是现代化侵略了中世纪。要生存在现代世界里，中国就必须现代化"。[2] 现代化之于中国，就是从农耕文明到工商文明、信息文明的转变，而这真可谓中国自西周以来"三千余年未有之大变局"。[3] 即使从改革开放算起，这一转型过程进入加速期，我们今天更处于这个转型期的关键点和转折点。十八届三中全会审议通过的《中共中央关于全面深化改革若干重大问题的决定》明确指出："当前，我国发展进入新阶段，改革进入攻坚期和深水区。"要在中国这样一个拥有960万平方公里国土、近14亿人口、56个民族的大国完成现代化转型，这是一个伟大的事业，这也必将深刻影响生活在这片土地上的每一个中国人的生活。就当下中国的国情而言，人们可能会从不同角度得出迥异的看法，但一个毋庸置疑的基本共识则是中国正在经历现代化转型，大国转型构成了当下中国最为基本的国情。

二、法治河南转型升级是国家法治化的缩影

从大国的社会转型角度来看，转型社会最大的特点是变化，而变化最容易引起生产、生活方式的紊乱，其中最为深层次、根本的问题是价值观念的分歧。

---

〔1〕参见[美]塞缪尔·P. 亨廷顿：《导致变化的变化：现代化、发展和政治》，载[美]西里尔·E. 布莱克主编：《比较现代化》，杨豫、陈祖湘译，上海译文出版社1996年版。

〔2〕冯友兰：《中国哲学简史》，北京大学出版社2010年版，第23页。

〔3〕同治十一年(1872年)5月，李鸿章在《复议制造轮船未裁撤折》中称："臣窃惟欧洲诸国，百十年来，由印度而南洋，由南洋而中国，闯入边界腹地，凡前史所未载，亘古所未通，无不款关而求互市。我皇上如天之度，概与立约通商，以牢笼之，合地球东西南朔九万里之遥，胥聚于中国，此三千余年一大变局也"。当时，中国面临的不再是漠北蒙古铁骑的威胁，不再是西北少数民族的进攻，危机从海上来。

正是价值观念上的分歧导致人们对具体的生产、生活方式的看法的分歧，由此可能导致整个社会的分裂乃至最终崩溃。因此，对于一个转型社会而言，至关重要的事情在于社会转型的有序稳定进行，这正是法治的“用武之地”，因为立法是凝聚社会共识的最重要的手段，而由此形成的法律是整个社会的“底线价值共识”。从这个角度来看，法治之于当下中国似乎就具有某种程度的重要性和紧迫性，“在当下的历史关头，中国领导人是否选择法治、建设法治、依赖法治，将最终决定中国过去三十多年的繁荣与发展是否只是历史上的昙花一现，还是中华民族实现伟大复兴的真正前奏曲。此时此刻，中国社会犹如一条大船正航行在‘历史三峡’的最后险滩。唯有走向法治，中国才可能最后平稳地渡过‘历史三峡’，完成现代化国家建设，并开创新的太平盛世”。[1] 河南地方法治建设和共和国的法治建设是一脉相承的，1978 年，中国共产党召开了十一届三中全会，这次会议主要是讨论把全党的工作重点转移到社会主义现代化建设上来，也提出了加强社会主义法制的任务，要做到“有法可依、有法必依、执法必严、违法必究”。从法制创建到依法治国再到全面依法治国，可以看出我国法治建设在不断进步，河南地方法治的建设也在不断进步。

第三节　时空交错下的法治河南建设向何处去

由上述分析可见，河南地方法治建设既有法治建设的一般特征，又具有河南地方的独特特征。对法治建设路径的研究目前已有社会演进型、政府推进型、国家社会互动型三种学说。就此，我们可能尚需回应：河南地方法治建设应该采取何种路径？分析问题首先要了解已有研究情况，才能有的放矢，继而形成自己的观点。

一、法治建设路径已有的三种理论

直接针对中国法治建设路径的研究主要集中在“政府推进型”和“自然演进

[1] 江平：《法治兴，则中国兴》，载季卫东：《通往法治的道路》，法律出版社 2014 年版，总序言第 2 页。

型”两种路径。最早有蒋立山的关于法治道路的探讨,[1] 后来有苏力的“本土资源说”。[2] 近年来,马长山持续关注这个问题,并且提出了探索“共建共享型”的中国法治道路。[3] 对已有理论的考察分析,是我们继续研究的前提。

1. 社会演进型

社会演进型法治建设路径是指一个国家或者社会的法治进程主要是在社会生活中自然形成和演变出来的,是社会自发形成的产物。这种路径是一种“内源”发展的类型,是在其内部资源的基础上演变而来的。欧美的法治建设路径是社会演进的,它有着深刻的历史内涵。社会演进型的法治建设路径最早发端于西欧,这是法学界的共识。纵观西欧 15 世纪至 18 世纪的发展史,可以看出,新社会阶层的出现,客观上为西欧社会内部的法治现代化变革提供了必需的社会基础。在经济上,各国商业资本和大西洋贸易兴起并伴随着殖民扩张,再加上科技革命为解放生产力带来的活力,使商品生产规模迅速扩大;在政治上,商品经济的发展,商人要求减少封建王朝对其干涉,随之影响整个西欧的重商主义思想,商人阶层人数不断增加;在思想上,宗教改革和现代科学及启蒙运动,使人们的思想从中世纪神学束缚中解放出来;在国际上,为在竞争中获胜,西方各国统治阶层都有锐意改革的愿望。经济、政治、思想、国际等因素都催动着社会演进的发展,为社会演进提供基本动力。

2. 政府推进型

政府推进型法治建设路径是相对于社会演进型而言的,所谓政府推进型,是指政府强有力地在全社会推行法治,是自上而下的运动,是由政府利用其掌握的本土政治资源来完成的。政府推进型法治建设路径是人为设计和建构出来的。这一类型以日本、俄罗斯为代表。政府推进型有着社会演进型不可替代的优势:(1)政府推进型可以缩短社会法治化时间,通过上述对社会演进型的分析不难看出,社会演进型需要较长时间的发展,而政府推进型直接由政府主导,有利于节约时间;(2)政府推进型可以降低社会法治化的摸索成本,直接在政府的指导下完成;(3)对于采用政府推进型的经济文化落后的国家而言,它们可以

---

〔1〕 参见蒋立山:《中国法治道路问题讨论》(上),载《中外法学》1998 年第 3 期;蒋立山:《中国法治道路问题讨论》(下),载《中外法学》1998 年第 4 期。

〔2〕 参见苏力:《法治及其本土资源》,中国政法大学出版社 1996 年版。

〔3〕 参见马长山:《探索“共建共享型”的中国法治道路》,载《江海学刊》2017 年第 2 期;马长山:《法治中国建设的“共建共享”路径与策略》,载《中国法学》2016 年第 6 期。

借鉴先进国家的成功经验直接在本国使用,发挥“后发制人”的优势;(4)政府推进型法治建设路径可以最大限度地发挥政府的控制力,减少政治冲突,保持社会稳定。

3. 国家社会互动型

国家社会互动型法治建设路径是指在各种内外因素的作用下,政府与社会形成彼此互动的格局,进而推动传统法制向现代法治的变革过程。它既具备社会演进型的某些特征,又兼具政府推动型的相关属性,是一种混合式发展路径。此种进路的优点在于:(1)适合目前中国的社会转型。我国从计划经济过渡到市场经济,目前还有许多法律制度无法适应,需要政府主导,但市场有其自身的运行机制,政府不能过多加以干涉,要遵从市场规律,重视社会力量和市场本身作用。(2)适合中国法治地域不平衡的现状。中国东部地区的法治发展优于西部地区。对于东西部差距大的原因,学者已经做了充分研究,如地理环境、政策扶持等。目前,东西部都一定程度上由政府主导进行经济建设,但西部效果不甚理想,这是因为法治理念在东西部人民心中扎根程度不同,西部人民没有内化这种理念。所以,对于西部尤其是有着特殊习俗的民族地区,我们要更多地考虑社会演进型法治建设路径,缩小差距,改善发展不平衡的现状。在我们看来,这种路径虽然比社会演进型和政府推进型更完善,但仍有缺陷。

二、法治河南建设崭新的起点

通过以上分析可知,社会演进型法治建设路径需要一定的社会基础,河南在各方面都与西方有较大差异。结合现实河南省情来看,河南省很难通过社会演进达致法治。政府推进型会因过度依赖政府的单项努力忽视社会的参与而缺乏持续、长久的动力。也就是说,如果采用政府推进型法治建设路径,河南省将难以实现持续、长久的发展,会因缺乏社会力量而导致停滞,片面地强调政府力量,最终也不利于法治发展,难以达致法治化的建设目标。所以,河南省无法采用社会演进型法治建设路径,也不能采用政府推进型法治建设路径。国家社会互动型法治建设路径虽然较之前两种路径更为完善,但该路径缺乏对国家治理体系和治理能力现代化的重视。综上,应该以治理体系和治理能力为崭新的出发点,选择国家治理体系和治理能力现代化相结合并配备保障机能建设的综合路径。

关于法治的文献浩渺如云,从古希腊到近现代绵延不绝。从我们的研究角度出发,我们主要关注于从形式法治到实质法治的思想史流变。相对而言,国内对此的讨论主要有两种理论立场:一种是将法治等同于良法之治,认为法治保障自由、民主等我们所珍视的一切重要社会价值,但该讨论可能忽略法治这种价值的独特性;另一种则是将法治等同于某些依法而治的形式要求,这种看法固然注意到法治的独特性,但很难充分解释法治的真正重要性。国外围绕该问题的讨论比较成熟,特别是注意到法治的道德重要性的根基所在,如富勒(Lon L. Fuller)、德沃金(Ronald M. Dworkin)、菲尼斯(John Finnis)等,然而其中也存在问题。无论如何,学界对此问题的探讨立场、范式都可在布雷恩·Z.塔玛纳哈(Brian Z. Tamanaha)总结的如表5-1所示的法治理论中找到定位。

表5-1　法治理论

版本	备选的法治构想 从比较薄弱到比较浓厚		
形式版本	以法而治 ——法律是政府的工具	形式合法性 ——普遍、面向未来、明晰、确定	民主+合法性 ——合意决定法律的内容
实质版本	个人权利 ——财产、隐私、自治	尊严权和/或正义	社会福利 ——实质平等、福利、共同体的存续

由表5-1中可以发现,关于法治的概念其实主要徘徊在“薄”(thin)、“厚”(thick)之间,相关文献也主要在此两种立场之间摇摆。究竟应该选择哪种概念,目前的学术谈论尚缺乏足够清晰彻底的思考。立法就要立善法、立良法。保障人权、制裁犯罪、维护正义的法律就是良法,反之为恶法。那么,区分二者的标准是什么?符合什么样的条件称之为良法?自然法理论中的“共同善”“人法源自自然法的方式”等观念就给了我们思考的空间。[1] 良法的一般标准是指:内容上反映客观规律、体现正义、促进社会进步;形式上结构严谨合理、体系和谐协调、语言规范统一。只有内容和形式都符合要求,才能称之为“良法”。“良法”本来就是一个模糊性的概念,但归根结底都要以人为本,要反映人民的意志、符合人民群众的根本利益。徒法不足以自行,法律的生命在于实施。新

---

〔1〕 参见王志勇:《“恶法非法”命题的澄清与辩护》,载《河南财经政法大学学报》2018年第5期。

时代法治建设的目标不仅在于立良法,而且要实现善治,良法是善治的前提。简单来说善治就是良好的治理,将制定好的法律公平合理、及时有效地付诸实施,它是法治的一种运作模式和实现方式。善治应当包括以下几个方面的内容:民主治理、依法治理、贤能治理、社会共治和礼法合治,[1]最终实现人民生活幸福、社会和谐有序、国家长治久安。

将“坚持全面依法治国”作为新时代坚持和发展中国特色社会主义的基本方略之一,并将依法立法与民主立法、科学立法相并列,说明我们党对新时期法治工作提出了更高的要求。[2] 那么,在新时代中国语境下,良法善治又有什么新的内涵?良法善治的当代价值是法律与道德的关系,实现道德法律化、法律道德化,依法治国与以德治国相辅相成、缺一不可。法律与道德既相联系又相区别。其联系体现在:它们都由社会物质生活条件所决定,都属于上层建筑的范畴,但又都受到统治阶级和社会意识形态的制约并为其服务,法律与道德相互渗透、相互制约、相互保障。与此同时,二者又在调整对象、表现形式、调节方式、体系结构、违反后果方面有很大的区别。新时代不仅要认识到二者的联系和区别,还要实现道德法律化、法律道德化。道德法律化是指将道德精神、道德原则上升为国家法律,背后的原因其实是恶法非法,也就是立“良法”。法律道德化是指良法经过长时间施行,内化为司法人员乃至社会公众的道德意识,即实现“善治”。道德法律化是法律道德化的前提,法律道德化是道德法律化的目的。实现依法治国与以德治国的有机结合,既要依靠道德法律化制定良法,又要依靠法律道德化达成善治,良法善治是二者的辩证统一。[3] 良法要求实现国家治理体系现代化,如法律、政策、党内法规、其他非正式法律渊源(如习惯)等体系建设。善治要求从立法、执法、司法、守法四个方面实现国家治理能力现代化。实现国家治理体系与治理能力现代化,应努力实现良法善治的有效施行,推进法治与德治在实然层面的有机结合。

---

〔1〕 参见王利明:《法治:良法与善治》,载《中国人民大学学报》2015 年第 2 期。

〔2〕 参见钟实:《把握立法新要求,迈向良法善治新时代》,载《人民之友》2017 年第 12 期。

〔3〕 参见杨萌:《良法善治的当代价值及其实现》,载《安徽行政学院学报》2015 年第 5 期。

附：地方法治的评估体系建设

“法治是全球范围内最重要的普遍共识和治国理政的公认标尺，法治将有益于所有人既是正统的信念，也是生活世界里普遍遵循的行为规则和制度安排。”[1]法治评估实质是“法治的量化或者说量化法治”，它既是对法治建设状况现状的精确描述，也是对法治运行社会、政治、法律乃至经济效果的综合性评价，是对法治建设理论和实践的整体性反思和建构提升，从而也必然是法治建设的一种实际可行的且十分有效的推进措施和策略。地方法治评估是国家层面法治评估的具体化、地方化处理，而当这种评估与地方经济社会发展建设状况评价，甚至与地方政绩评价直接形成某种关联时，地方法治评估就更加具有国家社会治理的深层次功能价值了。

第一节　法治评估的理论问题

“法治指数评估在我国的兴起既是法治发展自身规律性的表现，也是当前推进我国法治中国建设的重要手段。法治指数评估包括体制性、价值性和综合性三种路径，对法治内涵的不同理解会产生不同的指标体系……法治指数本土化要求不能照搬法治指数国际化的标准，须充分考虑我国的法治成长和社会转型的环境。”[2]

发生于20世纪60年代美国的“法律与发展运动”和社会指标运动，促进指数指标等评估要素、评估理论与国家经济社会发展水平或国家、地区法治发展

〔1〕［美］布雷恩·Z. 塔玛纳哈：《论法治——历史、政治和理论》，李桂林译，武汉大学出版社2010年版，第1页。

〔2〕周尚君、王裕根：《法治指数评估的理论反思与前瞻》，载《广州大学学报（社会科学版）》2015年第3期。

水平建立了联系，其后全球治理指数、法治指数等开始兴起并全面产生影响。与中国法治建设的发展路径相同，中国的法治评估同样是在西方这种法治评估理论和实践的影响下开始的。因此，法治评估在我国的产生和发展，既是法治发展自身规律性的表现，也是推进我国法治建设的必然选择。

一、法治评估的理论缘起

（一）经济增长需要法治评估指数

在资本主义形成和发展的初期，从经济利益最大化的基本目标出发，资本和正在崛起的资产阶级积极倡导市场的自由竞争模式，将国家和政府的功能确定为“守夜人”的保守角色。但19世纪以后，社会矛盾日趋激化，经济危机和社会危机的经验对政府提出新的要求，即更多的社会职能特别是主动介入经济社会发展的服务职能需要政府去履行。随着政府职能的多方面扩张，政府权能范围不断向经济和社会领域渗透。

这种渗透尽管是社会发展的需求，但从价值观念上与西方个体主义的权利要求是相悖的，从而具有一定的限制。而法治作为国家、政府的政治基础和渗透社会的合法方式，恰恰提供了扩张的可能路径。政府职能的扩展首先需要通过立法来实现，立法范围不断扩大，为政府合法地作用于经济和社会提供了前提，于是，政府在国家政治、经济、文化生活领域持续地获取了新的渗透和管控权力。

逐渐地，政府合法占领和统治了社会的方方面面，在全球各个国家和地区，政府通过大量立法，进而通过系统的执法性二次扩张，建立了对经济和社会生活的系统而全面的管制体系。

但政府不是万能的，政府职能无限扩大和自由、市场间的需求总是存在紧张关系，不少国家的政府难以承受复杂而沉重的管制成本。而面对全球化、现代化带来的高度自由、经济高度市场化的发展未来，高管控的社会机制滋生着内部危机。政府对社会不必要的管制，必然挤压社会自由空间，抑制企业和公民的创造性，长期的严格管制甚至能够窒息一个民族的创新精神。基于世界的新变化，市场化的纵深改革，正要求政府减少对经济的干预，转变新的对社会的管理方式。

经济领域实施政府规制与许可的根据是市场的缺陷和不完善，管制的制度理性取决于市场经济学的理论论证和经济伦理本身，来自法律的理性判断。那么，反过来，同样的原理，政府减少干预、合理释放经济管制的空间自然也必须基于市场经济运动的规律，取决于市场作用的经济理性有限和政府职能理性有限等基本要素。无论制度的积极扩张还是主动收缩，客观上归结于一点，都是由经济社会发展的本身所决定，都是政府治理实践规律的基本要求；而国家政府要实现这种新的变化，通过法治的制度构建和运行自然还是最好的也是最基本的路径。

正是在这个意义上，经过制度经济学、法治理论的研究，法治与经济增长之间建立了密切的联系；20 世纪 80 年代初，理论界对法治与经济增长关系的持续深入的思考，带来了法治指数测评和法治评估理论的兴起。亚洲金融危机进一步明确地指引人们去发现法治的价值，"国际社会中，世界银行全球治理指数中的法治指数和世界正义工程的法治指数已经成为分析、评价一国投资水平和制度状况的具有重要影响力的国际评价标准，并引发持续的法治指数化运动。"〔1〕

法治事实上已经成为世界经济发展的重要支撑，这种共识日益获得理论和实践的验证。法治水平的高低、质量的好坏直接影响经济发展的层次和效益，世界银行的治理评估指标、世界正义工程（world justice project）的法治指数报告均是这一过程的重要成果。围绕 GDP 增长所形成的经济与国家发展指标的更新需求，不断地推动法治指数的整合、增进法治评估理论的完善，进而在更广范围的国家和地区带来更加广泛也更为深刻的法治量化评估。

（二）法治的具体化需要法治评估指数

"无论是被认为业已建成的法治社会，还是正在走向法治的社会，其法治的运作都会面临一些具体场合下的特殊问题。也就是说，怎样表述法治、怎样建成法治以及怎样操作法治在不同的文化和制度背景下是有着不尽相同的语式、路径和方法的。"〔2〕

法治必然是一个地区、一个主权国家在特定时期、特定政治经济体制指向，乃至特定文化背景支持下的具体法治，法治没有空中楼阁、没有抽象的想象。

---

〔1〕 王敬波：《地方法治政府评估的中国实践》，载《中国法律评论》2017 年第 4 期。

〔2〕 夏勇：《法治是什么——渊源、规诫与价值》，载《中国社会科学》1999 年第 4 期。

因此,法治的具体化是必然,而量化法治则正是科学计算理性在法治领域的应用和实践。

以法治建设的基础性和核心环节法治政府的建设为例,2004 年国务院颁布的《全面推进依法行政实施纲要》提出,“经过十年左右坚持不懈的努力,基本实现建设法治政府的目标”;随后,全国多个省、市开始试点推行依法行政或法治政府建设评估体系,以推动地方法治政府建设。2012 年,党的十八大明确提出了在 2020 年“基本建成法治政府”的目标。2013 年,十八届三中全会提出要“建立科学的法治建设指标体系和考核标准”;法治政府建设指标体系事实上发挥着诠释、评价、引导和形塑法治的实际功能。

具体来说,“法治政府的基本要求需要客观外化为与具体实践工作对接的一整套标准,既是工作标准、行为标准,也是评判标准”。[1]

地方主义历来是中央和地方关系上的重大难题,而中国经济社会发展的历史表明,这一难题始终是困扰中国前进的一个因素。地方主义不是孤立的特例,其在历史上和世界范围内都是一种普遍现象。它既表现在中央与地方的权力配置和利益分配关系上,也表现在地方与地方的发展空间和相互竞争关系上;既表现在制度的构建上,也表现在法律制度的具体实施和运行过程中。其突出的特点和问题就是中央政令或既定制度无法在地方获得有效执行和实现。

而法治政府必然是政令统一、上行下效的权威政府,部门分割、山头主义的地方主义,严重破坏政府的统一性,损害了国家的法令权威,从而分割市场、压缩政府。法治主义的正确实施与真正实现,将高效地消弭这种央地分裂、法令失效的局面。

法治政府指标体系通过工作标准、行为标准首先对法治政府的基本要求发挥了诠释作用;同时,指标体系的具体应用势必会获得制度实践的固化力量,推动制度的完善和良性运作,并在制度的运行中获得新的生命力。这种法治的优良效果会起到面向社会全体的昭示作用,从而发挥工作和生活目标的引导作用。法治政府指标体系中各个细化的具体指标,在客观上形成一个个阶段性、过程性的法治发展小目标,分步骤、分阶段地推进法治进步,为法治政府提供了明晰而具体的发展路径。并且,设置合理的目标还成为对法治运行阶段性结果

---

〔1〕 国家行政学院课题组:《法治政府指标体系与作用》,载《中共天津市委党校学报》2014 年第 2 期。

的反思、评价指南，从而有利于通过指标体系数据的统计分析，不断总结实践经验，反馈于法治的实践，成为法治政府自我完善的重要工具。

（三）政治民主和文化多元需要法治评估

民主是现代国家、现代政府存在的正当性前提，与民主相对应的社会文化多元则是孕育现代国家、现代政府的最优土壤。法治政府作为现代政府的典型，作为现代国家运转的关键，其治理民主性必然是其生命力之所在。

民主理念和民主的实践，涵盖了经济、政治、社会等许多层面的要求，更承载着丰富的价值精神和文化内涵，其既包含各种主观行动要件要素，也包含丰富的客观要件要素。因此，民主相对于法治而言，需要在法治的整个体系中进行民主的创设和践行，它既是核心指标，又是法治的逻辑起点与归宿。

但同样，民主不能空谈，民主的要件要素需要具体的架构，价值主导下的制度实践具有其优越性。但是，制度化的民主法治政府建设是一个不断追求理想和完善自我的过程，指标体系强化民主内涵量的规定性，客观上能够压缩理想与现实之间的距离，促进政府民主化的进程。

服务公民是民主法治政府的本质规定性，而要更好地实现这个规定性，制度实践首先要解决的是，市场经济中政府如何从“为人民性”走向人民主动参与的“民主性”。法治指标的构建和运行即法治评估要求人民在评估过程中的参与度提升，因为法治指标或评估是相对于法治本身的外部问题，借助这种外部性，公民参与评估成为民主权利实现的一个重要可能路径。这样，民主性市场经济制度、民主性的政治制度和民主性的法治制度，共同形成现代权利经济的混合制度共同体；为市场规制和发展提供更好的权利秩序，进而更好地形塑民主法治政府所要求的政府高效管控引导经济与尊重市场主体经济权利自由发展之间的关系。

（四）定量分析提供了方法论基础

实证主义哲学的产生是近现代极为重要的一个理论进步，基于自然科学对社会科学的参照，实证主义采取一种科学的眼光看待社会有机体。在实证主义研究者眼中，社会本身具有确定的模式和一定的有机秩序，与自然界的现象一样，社会现象和社会中人的行为都遵循着一系列的因果规律。所以，自然科学的研究方法可以被用来认识和分析社会现象和人的行为。这样，自然科学以数量计算为典型特征的研究方法与社会科学质性分析相融合，成为实证主义的定量研究基础。

法治指标体系和评估理论的发起，就在于单一地站在价值导向视角对法治建设所作的质性评价理论分析已经无法满足现实需要，构建一种更加科学、系统、直观、具体的量化评价体系，以便更加真实和细节化地反映法治运行真实状况，日益成为社会共识。为了对法治进程的全局和具体环节形成实时的反映，并迅速建构解决其中问题的最佳方案，法治评估不能停步于满足模糊、笼统的价值评价和定性研究，而需要更为具体、精确的法治运行环节表现方式。

从性质上来说，作为社会科学的研究范式，法治评估指数的建构或评价体系可以被看作量化的法治、量化的正义，源于对现实实践观照的量化社会指标体系，其获取的各种数据化的调研结果均能够反映出法治实践的微观状况，表达出社会各个阶层、各个领域对于"法治"的不同体验与评价。

通过科学严格测量指标体系的构建，可以准确地反映法治的运行状态，包括立法状况、执法水平、法律实现、司法能力等法治绩效，法治政府面对经济社会动态变化的应变能力，以及法治政府、法治国家保护公众、保护个体合法权益的程度。但是，法治体系、法治政府真正能够被测量，必须具备以下条件：第一，法治基本内容、范畴类别的明确界定和分类；第二，构建科学、合理、规范的层级指标体系；第三，调查主体和调查对象的尽可能全面覆盖，调查对象应包括主体即政府工作人员和普通公民，也应包括法治实施行为和效果；第四，法治影响因素的合理介入。

二、法治评估的基本内容

（一）法治评估的基本要义

第一，法治评估的理论和实践，从某种意义上来说，就是构建一套适合于中国特色社会主义法治国家、法治社会建设的科学化、本土化的法治评估指数指标体系。

法治评估国内理论和实践的产生和发展，其基本的前提条件是中国特色社会主义体制的持续化深入改革和系统的制度创新。这场改革从 1978 年十一届三中全会就已经开始，进入 21 世纪时，这场改革的路径越发清晰起来，中国特色社会主义法治体系、国家治理体系和治理能力现代化成为改革的核心命题，这场改革为全社会所有领域的创新发展创设了良好的条件。

第二,法治评估国内理论和实践的产生和发展,也是中国法学研究方法发生变革的结果。经济学、社会学、人类学与法学形成交叉融合,这种多学科综合交叉、创新融合的一个结果就是实证研究方法在社会科学领域,包括法学、法治理论领域的纵深提升。法治的理论从价值研究走向应用研究,从抽象研究走向实证研究,从宏观走向具体。

中国社会发展至今天,坚定的中国特色社会主义法治道路作为一种理论的自信、制度的自信已经毋庸置疑,并且获得了全社会的支持和文化认同,接下来的关键是如何将这条道路走好。法治评估即量化法治,直观地看来,就是面对和解决如何走的问题、走得好的问题。[1]

第三,法治评估的根本目的就是进一步发展法治及改善政府管治。目前,不再是去论证应不应该实行法治、应不应该进行法治评估,而是如何做好法治和法治评估。通过法治评估,探究出现行的法律体制、法治运行体系在哪些方面存在不足,并能够为法律体制的发展和完善提供指引,从而实现更高层次的中国法治建设。

第四,法治理论和实践在价值和伦理层面具有普适性,但同时,是法治理论和实践也必然具有明显的区域性和历史性。法治发展的每一阶段,法治建设中立法执法守法等每一个具体环节,均是如此。法治建设的不同层次有着不同的具体法治要求,因此要真正客观地、有效地、公正地评估一个特定区域、一个特定社会的法治建设水平,也就当然需要针对各个层次状况下法治的具体要求厘定出相应系统的可供评估或量度的指标。

第五,科学的法治评估必须依赖于科学的评估方法,社会科学的评估方法主要分为两种:客观评估和主观评估。客观评估主要是基于统计获取的大量客观数据,通过事先设定的数据评测点对应的计算公式,模式化地推算出法治指标所体现和表达的法治建设结果,其取决于量的丰富性来实现质的准确性。主观评估在法治评估体系中同样是不可避免的,这由法治的社会科学基本特性所决定。主观评估主要依赖于观察者的主观认知对法治现象和数据进行评估,主观评估具有更多质性分析的特点,其对量的运用不能脱离质性分析。科学的评

---

〔1〕 以余杭法治指数为代表的法治评估理论和实践事实上已经成为中国法治研究理论和实践进入数据思维和量化法治阶段的标志。

估必然是两类评估方法的有机结合，所以法治评估方法的选用和设计还必须确立基本的遵循原则。一是有效性原则，即评估方法的选用必须有效地针对法治现象、法治规律的实际状况。二是体系化原则，即评估方法应尽最大可能准确地反映法治运行体系的全部要素，把反映法治的所有可能性因子、指标都尽可能地进行测量，并注意不同指标间的制约关系。三是客观公正原则，即评估方法必须是公正无偏的，不容许任何外部因素对测评过程和测评结果的影响；这种方法应考虑测评主体和测评对象的复杂关系。

第六，法治评估或量化法治运行的过程还是一种公众参与机制的形成过程。法治评估必然要求多元主体的参与，单纯依靠政府自身的自我测评必然受制于利益困局，而第三方力量的积极介入，是现代社会中有效地形成法治合力的公众参与机制。这种第三方对法治评估的参与必然是制度激励和约束下的一种有序的公众参与，其实质是一种民主参与机制，通过第三方多元公众力量的积极参与和监督，中国特色社会主义法治下的民主制度和优良的公民法治文化精神将获得培育。"法治指标设计要求定性和定量相结合，要求精准，要求能够量化，要求能够实际应用于测评。指标设计要求化繁为简，要把庞大的法律法规变成一系列指标和考核标准，而且必须落脚于'实际的法治'。这个指标设计的过程是法律法规的'浓缩'，是制度的再创新。"[1]因此，法治评估的结果必须得到极好的应用，否则，法治评估就失去了其真正的价值。

但法治评估结果若想获得较好的应用，必须考虑应用主体的利益因素和应用效益。当一个区域的法治评估结果最终获得后，这些结果的应用状况必然关联到法治评估的公信力。从评估结果应用效益来看，应当致力于将法治评估的结果主要作为进一步发展法治或改善法治的根据，而非作为对原有法治实施主体工作效果的评价，以免评估过程和评估结果受到上述主体直接的干预和影响，从而导致评估结果信度的丧失，这才更符合法治评估的根本目的。

（二）评估依据

法治评估的评估依据包含两个层面；一是法治的基本内涵和核心要义；二是一国关于法治和法治指数建设的规范性文件规定。前者统摄后者，相互包容补充。

---

〔1〕 钱弘道：《中国法治评估的兴起和未来走向》，载《中国法律评论》2017年第4期。

中国特色社会主义法治内涵和核心要义的表述，始于改革开放之始，法治的新旧十六字方针构成其理论定位的发展历史，其中，“法治政府的内涵和外延是评估指标体系的基础，其核心是法治政府的基本构成要素”。[1] 目前，以法治政府建设为中心，已经形成了法治和法治指数建设的规范性文件体系。

2004 年，国务院颁布的《全面推进依法行政实施纲要》提出，“经过十年左右坚持不懈的努力，基本实现建设法治政府的目标”，开始确立法治政府指标体系作为推动法治政府建设的重要核心地位和评测法治政府建设进展情况的客观标准。随后，国务院分别于 2008 年和 2010 年颁布《关于加强市县政府依法行政的决定》《关于加强法治政府建设的意见》。[2] 这三部文件提出了建设法治政府的总体要求，为法治政府指标体系搭建了基础框架性依据。特别是《全面推进依法行政实施纲要》覆盖了法治政府建设内容的方方面面，从机构设置与政府职能履行状况、科学民主的行政决策、政府立法和制度建设、行政执法和政务公开、监督与问责、防范化解矛盾、组织领导和依法行政的观念和能力等，系统地设定了中国法治政府建设的战略总体规划，将法治政府建设的目标归纳为八个基本方面，明确了法治政府的八个内在标准；国务院《关于加强市县政府依法行政的决定》《关于加强法治政府建设的意见》则在上述框架下对法治政府建设的总体要求进行了重点强调与补充完善。2014 年 10 月 23 日，十八届四中全会审议通过《中共中央关于全面推进依法治国若干重大问题的决定》，该决定把法治建设成效作为衡量各级领导班子和领导干部工作实绩重要内容纳入政绩考核指标体系，这使法治评估的定位得以具体化。

十九届四中全会审议通过的《中共中央关于坚持和完善中国特色社会主义制度 推进国家治理体系和治理能力现代化若干重大问题的决定》形成了最为权威和全面成熟的总结，即建设中国特色社会主义法治体系、建设社会主义法治国家是坚持和发展中国特色社会主义的内在要求。中国特色社会主义法治体系，是中国特色社会主义制度的重要组成部分，本质上是中国特色社会主义制度的法律表现形式。中国特色社会主义法治体系包括完备的法律规范体系、高效的法治实施体系、严密的法治监督体系、有力的法治保障体系、完善的党内法规体系五个方面；法治体系是国家治理体系的骨干工程。

---

[1] 王敬波：《地方法治政府评估的中国实践》，载《中国法律评论》2017 年第 4 期。

[2] 2016 年，这两个文件已失效，但其在法治政府建设过程中依法发挥过比较重要的作用。

2021年1月,中共中央印发《法治中国建设规划(2020—2025年)》,这是新中国成立以来第一个关于法治中国建设的专门规划,是新时代推进全面依法治国的纲领性文件,制定出了清晰的路线图。2022年党的二十大报告将"坚持全面依法治国,推进法治中国建设"单独作为一部分,围绕着全面依法治国提出了四个方面的任务和要求。全面依法治国是国家治理的一场深刻革命,关系党执政兴国,关系人民幸福安康,关系党和国家长治久安。[1]《法治中国建设规划(2020—2025年)》《法治社会建设实施纲要(2020—2025年)》都对制定法治评估指标体系提出明确要求,必须更好发挥法治固根本、稳预期、利长远的保障作用,在法治轨道上全面建设社会主义现代化国家。以科学性、系统性的指标体系,持续考察法治中国建设进程,成为推动我国法治建设向纵深发展的重要抓手和学术增长点。

(三)评估要素

1. 评估主体

基于不同的评估目标选择和评估现实需求,评估组织开展的发展进路是不同的,主要存在制度性进路的法治评估和价值性进路的法治评估,而评估进路的不同又直接影响和决定着评估主体的选择。

制度性进路法治评估强调评估的制度性要素。评估过程控制和目标在于了解和掌握评估地区或行业的法治规范立法状况、法律实施状况以及法治实施机构的运行状况,评估工作主要是满足政府对当前法治建设的普遍性问题进行总结和评价的职能需求,帮助法治实施主导者的政府在阶段性法治发展建设过程中作出及时、有效的调整与改进,这种评估大多和政治工作或法治工作业绩直接相关,评估结果甚至在部分地区被作为衡量政府业绩的隐性标准。所以,对于这种类型的评估,负责评估实施工作的主体大多为政府相关部门或者是由政府部门委托的第三方。目前,我国各省市、各行业自行组织开展的地方法治评估,其中大部分是此种类型,从法治评估指标体系的设计、数据的获取到实施调研、结果分析均由上述主体完成。然而,由政府发起的法治评估往往因裁判员、运动员身份的混同,即评估主体也是评估对象,从而丧失了评估要求的中立

---

〔1〕 参见《法学领域专家学者深入学习党的二十大精神——坚持全面依法治国 推进法治中国建设》,载《人民日报》2022年11月17日,第17版。

性和客观性。尽管有部分法治评估由政府委托高校或科研机构组织开展，但其独立性并未完全实现；而且基于我国法治建设数据获取的现实，实际是换汤不换药。[1]

价值性进路的评估，其目标不是为特定政府或区域的法治建设实践和改革提供完善的建议或调整方案，而是通过一套标准化的法治评价模式衡量不同国家的法治发展程度，比较世界不同国家、地区的法治水平，发现和总结被评估对象间法治建设的实际差距和文化偏差。因此，评估主体多为独立的科研组织或跨国机构。

目前，我国的法治建设理论和实践实际上均是由国家主导推进的，其依靠国家公权力自上而下地贯彻和落实，这就决定了制度性进路的法治评估在相当长时期内必然是主要的，此种模式在法治评估初期客观上也具有一定的必要性。

但是，评估基于本身的事物特性，必然要求评估的独立性和专业性；这种评估主体的独立性、评估专业性现阶段显然是不足的。事实上，在部分更为具体的领域，特别是民生法治专项评估领域，评估指标设计的精细化、评估的科学化等技术要求更高。所以，培育并发展参与法治评估的多元评估主体乃是必然的趋势。

要实现法治评估的多元评估主体的参与，保证参与主体的广泛性与有效性，最核心的就是要从制度实践上创设多样化的参与渠道，并保障渠道的畅通。目前，我国第三方评估主体主要以接受委托的方式进入法治评估活动。所以，发展第三方评估主体，应注重顶层设计的规范化，通过立法和制度规则的建设，应为独立的评估机构提供合法保障和健康发展的规则要素，应在资金上给予支持或倾斜，给予物质保障鼓励并引导第三方评估机构和专门评估机构积极参与评估活动，还应运用制度和规则完善委托事项和程序。而最根本、最关键的则是增加制度设定法治评估中的公众评估权重，使多元主体的参与成为制度的刚性要求。

2. 评估对象

法治评估的对象即评估的内容，以包括完备的法律规范体系、高效的法治

---

〔1〕 例如，浙江省杭州市余杭区委托“法治余杭课题组”组织的《“法治余杭”量化考核评估体系》、湖北省委托湖北法治发展战略研究院开展的《法治湖北建设指标体系》等。

实施体系、严密的法治监督体系、有力的法治保障体系、完善的党内法规体系的中国特色社会主义法治体系为核心内容，上述内容具体化为对法治制度、机构及其运行状况的评价与测量；还包括法治价值要素的评价与测量、法治发展环境要素的评价与测量。法治评估的对象最终还必须具体化为层级化的指标体系，这就要求对象与指标体系的一致性和协调性，这种一致和协调实质上蕴含着三个层面的要求。

第一，法治评估指标必须注重实效性。法治评估指标的设计应当全面评价法治改革的效果是否显现，制度执行是否到位，法治的目标和公民权利要求能否获得支持，而并非简单地检查哪项工作做没做、哪个制度有没有，不是一次评估活动或运动，而要持续跟踪、评建结合，真正实现"量化法治"的指引、评价、落实和构建价值。

第二，法治评估指标必须注重明确性。评估指标的调研设计，必须对接法治的基本价值定位和法治实践过程，需要较有针对性和极强的可操作性，收集和整理在评估运行和应用过程中的偏差，确保评估指标设计的科学性、具有评估实践的具体性和明确性。

第三，法治评估指标必须注重体系性。一方面，体系性是指指标对法治评估内容涵盖的全面性，应包括法治运行的全部体系及其影响因素；另一方面，体系性是指在评估指标体系的权重设置中，应当科学运用统计学的计算方法，对量化单一指标在法治整体中的重要程度、指标权重的大小程度进行合理设置，并根据法治实践的运行状况及时进行动态调整。

3. 评估方法

法治评估的运行和实现必须依靠定量方法，评估过程的可控性、易操作性，评估结果的科学性以及评估效果的好坏，都由量化方法的科学化所决定。由于评估内容涉及现行法治运行的各个主体和多样化的层级体系，而且量化统计的结果还必须清晰地展现法治的基本特征和普遍性问题，因此法治评估的量化方法实际是一个方法的体系，其涉及评估指标体系构建、指标权重分配、指标数据信息收集处理、计算方式和计算结果的应用等评估整个流程。

当前，这个方法的体系主要依靠实地体验、开放型访谈、参与型与非参与型观察、个案调查乃至网络调研和数据抓取等多种具体方法，如何在保持价值无涉的前提下发掘法治价值要素，如何在上述具体方法的运行中实现数据信息的尽可能全面、客观、普适，注定十分困难和复杂。

三、法治评估的理论限制

（一）一般性与特殊性

“法治的一般性体现在人们对法治内涵的认知共识、法治的国际属性和评价标准的相对客观性上。法治的特殊性体现在法治的价值、理论、道路和制度等多个层面。作为价值的法治具有一般性和普适性，但作为价值载体的法律制度则不一定具有一般性。形式法治可以成为人类社会最低限度的法治共识。中国的法治发展需要积极借鉴法治普适规律，不过，用法治价值的普适性无法推导出法治模式和道路的普适性。虽然学理上接受的法治价值主要为自由主义，但中国法治实践的内在取向却是偏重于国家主义的。”[1]

这种法治的一般理论在法治评估问题上同样适用，法治评估的理论与实践同样也必须充分关注一般性与特殊性的关系。从人类社会法治发展历程来考察，通行的、普适性的法治版本并不存在，世界上没有任何一个国家的法治发展路径和建构模式与其他国家完全相同，地方性必然客观地制约着民族主权国家的法治现实；事实上，多元化的文化传统、地方性的知识资源更丰富着法治的社会实践。

中国作为世界上的地理大国、人口大国，作为拥有独一无二历史文化传统的文明古国，作为富有创新精神的发展中现代国家，制约和影响法治的复杂要素交织共生，决定了中国特色社会主义法治国家建设的难度远高于任何其他国家与地区。

这种地方性首要的就是由中国政治经济运行体制决定的央地差异、区域差异、文化差异，通行于国际的法治评价理论和评价指数体系，要真正实现区域测评的“可以量化的正义”，其标准必须在遵循人类社会最低限度法治共识基础之上，融合这些地方性资源，形成更为具体、客观的可以真正适用的评价体系。

（二）法治功利主义或法治形式化

世间没有万能钥匙，更没有亘古不变、能解决一切问题的好药方。法治同样不是万能的事物，固然现代社会经济、政治乃至人类生活体系的完善发展需

[1] 杨建军：《中国法治发展：一般性与特殊性之兼容》，载《比较法研究》2017 年第 4 期。

要法治，但是在法治的建设方式上依然要务实务本，反对形式主义、反对功利化的建设方式。

在我国法治建设过程中，自上而下的政府主导模式，上行下效，出现了“依法治国、依法治省、依法治市乃至依法治县、治村、治企”等现象，这种现象一方面是对国家法治方针贯彻落实的体现，另一方面是“运动式”法治的直接表现，表达了法治建设的不成熟、形式化和功利化追求。

法治评估或量化法治作为法治建设发展的深层次和整体提升阶段，必须远离这种功利主义和形式化，反对“运动式”的评估活动，真正实现法治评估的制度化与规范化，保障法治评估的常态性与规律性，使其良性发展。

（三）评估客观要素的主观化

在评估实践中，无论何种评估过程或者结果，评估的启动运行往往不能脱离评估者的主观判断，主观化倾向与评估的理性价值构成评估活动或评估制度体系的基本的矛盾冲突；而且这种冲突是内在的、不可避免的，通过评估的过程控制只能降低或减弱冲突对结果的影响。

第一，法治评估的不同类型评估主体导致评估目标不同。制度导向、政府主导的评估寻求政治目标和制度的社会运行效果评析，价值导向、学术主导或国际社会比较研究型评估寻求学术的独立追求和实况的描述。法治评估的主观性首先来自其评估主体，与评估主体对自身进行评估的目标设置直接相关。

第二，现有评估的主观性还来自其评估所针对的对象。绩效评估理论的理论和实践均表明评估中基于评估对象对评估结果的心理期待和利益期待，实际上存在评估的博弈行为，特别是当评估结果与激励机制进行直接关联时，如果激励直接带来评估对象的利益变化，评估对象就会根据趋利避害的基本需求实施特定决策及行为，导致与评估指标体系相关的数据信息失真，从而影响评估结果，获得自身利益的最大化。

（四）评估模式的立论基础不统一

“法治评估对法治社会建设具有重大作用，但当前我国理论界对法治评估体系的一元化构想并不完备，忽视了我国法治评估实践中两种话语模式的分化。两种法治评估类型的理论基点，分别是以治理功能为核心的实验主义治理理论和以管理功能为核心的公共行政管理理论。两种评估模式在方法、目标、主体和后果上均存在结构性的差异。”[1]也就是说，法治评估的立论基础不同，将直接影响和决定其评估的实际运行过程和运行结果。因此，合理选择立论基础至关重要。

在上述两种立论中，治理理论话语中的法治评估，将“法治”视为“治理”的下位概念，法治乃是国家治理体系的构成环节或者说是治理理念、治理方式因时制宜的科学合理界定，是通过法律和依靠法律的治理。这种理论话语坚持法治的内涵价值，重视法治在治理中的独立功能，在观察国家权力运行状况和公众法治秩序中的行为选择时秉持客观中立的基本态度，重视对法治所实现秩序不足之处的分析研判。这样，评估就可以更加开放性地创设实质性法治框架目标及评估内容，并通过体系化的、特殊化的调整机制，充分运用评估结果的改革修正价值，及时地调整和完善法治建设的各种不足。

因此，法治评估相对于法治的实践者来说具有外部视角，评估的目标较富开放性，在参与主体方面重视多元化尤其是外部主体的引入以利于评价的中立，从而评价的结果更具功能性。

而公共行政管理理论话语中的法治评估是一种管理型的自我评估，实际上是行政管理理论中的“政府绩效评价”。这种评估特别重视形式的妥当性，而缺乏对内在价值的实质衡量，从而对评估结果完善、修正法治不足的价值不能很好发挥。这类评估针对法治实施主体（如立法机关或行政机关）已确定的工作目标，强调其严格执行和落实的状况，这种指标体系相对于法治的实施者而言，更多的是内部视角，其目标是封闭性的，其在参与主体方面也不能实现多元主体特别是外部主体的引入，评估的结果更加重视法治实施主体的利益变动。

四、法治评估理论的未来发展趋势

法治评估或量化法治实际就是借助自然科学的方法策略，通过系统化的指标概念和体现指标概念的数据信息，来评价和衡量法治发展的真实状态。其最根本也是最大的价值就是实现了拥有丰富价值和伦理内涵的法治，拥有了与社会生产、生活实践直接关联的客观向度和真实界面，从而能够直观地展现出法治对于经济社会发展、人类自身提升和权益保护发展的强项和弱项，最终精确地发现法治与社会发展的短板，进而完善和提升国家与社会的治理体系，促进

---

[1] 钱弘道、杜维超：《法治评估模式辨异》，载《法学研究》2015年第6期。

人类社会的完善与发展。

目前,我国的法治评估实践整体上存在现实的局限性,如指标内容上的表征主义、功能定位上的考核主义、评估方法上的量化主义、程序设置上的事后主义、立场选择上的旁观主义。这种局限性既损害了法治评估本身,更会直接对法治的整体构成伤害,进而对国家社会的治理体系形成破坏。事实上,法治的评估和法治的整体建设必然要尊重社会发展的基本规律,既要抽象也要实践,既要形式也要实质,既要借鉴外来成果又要坚持本土,中国特色社会主义的法治和法治评估一定是辩证发展的结果。[1]

"我国法治建设的发展性特征要求法治评估的多元化,社会的理性化也为法治评估的多元化提供了可能性。法治评估多元化的关键在于超越法治指数和法治绩效评估的法治评估模式,从建构主义法治评估转向现实主义法治评估。现实主义的法治评估是问题导向的、使用导向的和情境回应型的法治评估,既重视评估结果的使用,也重视评估过程的价值。"[2]

第二节　地方法治评估的建设现状

20 世纪以来,中国法治评估的具体做法、评估事项、评估参与主体的数量可谓"十分壮观",学术界和各地、各层级的政府或司法部门均有参与,根据不同的分类方法和分类标准,中国法治评估有着不同的类型。根据评估的主体和评估目标不同,其可分为以下两类,此种分类基本体现了中国法治评估的基本运行模式。

一类是"法治政府建设评估",其评估依据是 2004 年国务院颁布的《全面推进依法行政实施纲要》,结合法治政府建设目标的具体要求,是国家法治整体建设层面各地政府对中央法令的执行。迄今为止,全国各个地方,从省、市(区)、

---

〔1〕 参见康兰平:《法治评估的开放空间:理论回应、实践样态与未来转型》,载《甘肃政法学院学报》2016 年第 6 期。有学者提出,对于法治评估的理论基础可以概括为规范法治观,是一种理念上的建构和抽象的思辨,在思维方向上坚持形式法治观与实质法治观的二元分析框架。规范法治观始终困囿于"法治应该是什么"这一本体式的循环追问,影响了法治评估客观性难题的破解和创新。实践法治观的提出能够避免理论上的独断与徘徊,着眼于法治的实际运行和存在形式,在保证法治评估的开放理论空间基础上,实现法治评估的未来转型即本土化建构道路。

〔2〕 王浩:《论我国法治评估的多元化》,载《法制与社会发展》2017 年第 5 期。

州、县到乡镇基层，出台了不同层面的各种评估指标体系。这类评估事实上与法治城市、法治县（市、区）创建考核评估紧密联系，并得到了中央全面依法治国领导小组、全国普法办等法治领导机构自上而下的推行。此类评估往往都有可以遵循的相关规范性文件作为指导，如 2008 年，全国普法办颁布《关于开展法治城市、法治县（市、区）创建活动的意见》，党的十八大召开以后，2013 年全国普法办又发布了《关于深化法治城市、法治县（市、区）创建活动的意见》。在这种评估创建活动中，负责评估的责任主体都制定了详细的考核指标体系，主要采取了内部测评模式甚至是自我测评的方式，通过测评以实现法治政府等建设工作的目标。

对于这种评估，政府也经常采用直接委托相关机构的方式进行。但在此类评估中，政府始终居于主导地位，都围绕着国务院相关文件搭建指标体系，绝大多数评估结果没有获得真正的应用。

另一类是由学术界或社会组织主导自行探索的法治评估。此类评估的结果一般会向社会进行公布。2013 年以来，中国政法大学法治政府研究院还开展了独立的法治政府评估。

从法治评估的对象内容上来看，中国法治评估还可分为直接针对法治建设本身的“法治建设评估”和针对法治建设外部影响因素的“法治环境评估”；还有针对法治整体的全局性的评估和针对部分特殊领域的专门性的法治评估，如“立法评估”“阳光司法指数评估”等。

此外，还有融合背景渊源和评估方法的类型区分，即定量评估、定性评估和建设评估。“定量评估基于实证主义立场，偏重形式法治理论，以数据的形式反映法治的客观属性，具有标准化的方法步骤，即明确法治概念、界定各种变量指标、收集数据进行计算、审查评估结果。定性评估基于诠释社会科学，立足实质法治理论，结合法治价值评判实践现象，评价方法灵活多元，专业人士才能胜任。建设评估是转型时期的过渡性评估，基于法制与法治理论、社会指标理论和绩效评估方法，由政府主导，旨在推动法治的生成。”〔1〕

一、地方法治评估建设的典型范例

随着中国改革开放和社会主义市场经济建设的不断深入，公民的社会法治

〔1〕 孟涛：《论法治评估的三种类型——法治评估的一个比较视角》，载《法学家》2015 年第 3 期。

意识不断增强,依法治国逐步获得深化,并提升到法治国家和法治社会乃至国家治理能力的综合改革建设阶段。但是,市场经济的发展水平、社会总体的法治化程度依然限制着中国的法治发展整体。

中国法治评估是随着世界范围内法治评估的产生和发展而产生和发展的,主要受到以下因素的影响:一是中国的法治评估及其法治指数基本理论定位;二是中国改革开放过程中政治经济社会以及法律体制的整体转型方向;三是社会法治文化的基础性构建和公众法治知识资源的储备状况。正是基于上述因素的整体性现代转变,法治评估才在中国掀起了法治发展的新篇章。

我国法治评估的起始,一定意义上可以说,首先发端于地方层面的创新。最早运用法治指数评估体系的是中国香港特别行政区。1999 年,作为民间组织的香港社会服务联会(HKCSS)开展“香港社会发展指数计划”,自 2000 年起每两年发布“社会发展指数”;“社会发展指数”最初并没有包括法治指数,一直到 2004 年,香港特别行政区法治评估及其法治指数才成为其中的内容。2005 年,香港特别行政区建构的法治指数评估体系相对具体化,拥有 7 项具体的量化指标,作为评价地区法治状况的重要参考因素. 其分别是:(1)法律的基本要求;(2)依法的政府;(3)不许有任意权力;(4)法律面前人人平等;(5)公正地实施法律;(6)司法公义人人可及;(7)程序公义。此外,围绕上述基本指标香港特别行政区法治指数进一步设定次一级的数据信息体系,用以明确上述指标的评价结果。同时,香港特别行政区法治评估及其法治指数通过独立于政府之外的律师、专家教授和社会公民多方参与者的综合评估。

2004 年,国务院颁布《全面推进依法行政实施纲要》。随后,我国各个省份也纷纷发布相应的实施纲要,并提出了诸如“法治江苏”“法治浙江”“法治湖南”等。2009 年,国务院办公厅提出了《关于推行法治政府建设指标体系的指导意见(讨论稿)》(并未正式发布)。2010 年,国务院颁布了《关于加强法治政府建设的意见》(已失效)。2013 年,十八届三中全会审议通过的《中共中央关于全面深化改革若干重大问题的决定》提出,“建立科学的法治建设指标体系和考核标准”。2015 年,中共中央、国务院印发《法治政府建设实施纲要(2015—2020 年)》等。为此,全国各地纷纷出台了法治政府建设指标体系,如《深圳市法治政府建设指标体系(试行)》《法治江苏建设指标体系(试行)》《江苏省法治政府建设指标体系》等,并在此基础上,各地展开了法治政府评估,作为政府依法行政及其绩效考核的重要内容和参数。具体来说,比较典型的有:

2006 年，浙江省杭州市余杭区提出用一个量化的指数来衡量余杭法治建设水平、评估余杭社会管理能力，从而使浙江余杭成为除香港特别行政区外内地最早提出并运用法治指数评价体系的地区。余杭的法治指数评价体系结构可以概括为“149”三个数字。“1”是 1 个指数，即余杭法治指数；“4”是指 4 个评估层面：区本级总指标、区级机关指标、乡镇街道指标、农村社区指标；“9”是指人民群众对党风廉政建设、政府行政工作、司法工作、权利救济、社会法治意识程度、市场秩序规范性、监督工作、民主政治参与、社会治安 9 项满意度调查。

余杭的法治指数是由内部评审组、外部评审组、专家评审组、群众满意度调查相结合计算得出的。浙江余杭的法治指数实践是除香港特别行政区外内地第一个将政府法治建设评估付诸实践的最典型范例，在借鉴香港模式的同时根据地区法治发展的现实进行了创新。余杭法治指数以法治建设的 9 个目标为依据，最终形成包括 27 项主要任务、77 项评估内容的评价指标体系。其主要特点是在总体目标分解量化的基础上针对区本级、区级机关各部门、各镇乡（街道）和村（社区）4 个层面的法治建设实施量化考评，内容涵盖了余杭经济、政治、文化、社会建设的各个领域，从法治建设状况的考核安排来看，力求做到具体化、目标化、现实化，具有较强的科学性、实践性、指导性和鲜明的余杭特色。

2007 年，余杭区出台《“法治余杭”量化考核评估体系》，正式宣告除香港特别行政区外内地首个区域法治指数诞生，自此开启以法治指标对政府工作及社会环境进行量化评估的实践。通过十几年的研究和实践，余杭区走出了一条“量化评估—查找短板—梳理分析—整改提高”的推进法治之路，全区经济社会各项事业法治化水平不断提高，法治指数提高到 78.58。

为构建“法治指数”指标体系，2020 年 12 月，浙江省委出台《法治浙江建设规划（2020—2025 年）》，对浙江法治评估提出了新的要求和目标。“法治浙江指数”指标体系的构建应以习近平法治思想作为理论基础，结合中央精神与浙江实际；构建指标体系群组，增强指数建构的系统性、整体性、协同性；发挥内部评估、第三方评估（专家评估）和公众评估不同优势，合理安排评估主体和方法；兼顾指标体系逻辑性、集成性与操作便捷性、数据化，切实减轻基层负担；注重被评估主体之间的可比较性,最大可能降低区域差异带来的结果偏差。[1]

2012 年,江苏省南京市印发了《南京市法治建设绩效评估指标体系》《南京市法治建设绩效管理办法》,标志着南京市也开始积极探索如何运用法治评估测评地方法治状况。法治建设绩效评估指标体系和法治指数评价体系有着异曲同工之妙,具体来看,南京市的绩效评估指标体系分为六大类别,共有 45 项指标。在六大类即民主政治、市场监管、民生权益、公共服务、城市管理、公众评价中,除公众评价项下与人民群众对法治建设满意度相关的 8 项指标之外,其余指标均以政府的工作为考评对象。南京市的指标体系采用绩效达标式的测评方式,这种测评方式,更多注重的是对指标目标数值的完成,而非某一时间段内指标的量化测评。

2013 年 2 月 5 日,广东省人民政府十二届一次常务会议通过《广东省法治政府建设指标体系(试行)》,3 月 27 日,该指标体系被公布,并自 2013 年 6 月 1 日起施行。该指标体系共分为 8 项一级指标、40 项二级指标、108 项三级指标,总分值为 100 分。该指标体系最突出的特点是每一指标的具体分值,事先就由考评主体按照政府与部门分开、区分部门类别的原则,在制订考评方案时予以明确。

而国家层面的法治评估,较为典型的是中国社会科学院自 2004 年开始每年发布的法治蓝皮书《中国法治发展报告》等。2010 年,中国社会科学院还专门成立了国家法治指数研究中心,专门负责法治评估和研究,以及中国法治蓝皮书的发布。

此外,我国法治评估产生和发展过程中还出现了一系列的专项法治评估:立法评估、司法评估。立法评估的内容主要是各级人大或政府等法定具有立法权的部门,其立法案的立法效益、实施效果、执法情况、经验与不足等,立法评估分阶段包括为立法做准备工作的立法前评估和测评立法状况和效果的立法后评估。司法评估,如由中国政法大学、吉林大学、武汉大学于 2012 年成立的国家"2011 计划"司法文明协同创新中心自 2014 年以来每年发布《中国司法文明指数报告》,浙江省有些地方法院也相应推出了"阳光司法指数"等。

---

〔1〕 参见《中共浙江省委关于印发〈法治浙江建设规划(2021—2025 年)〉的通知》,载江山市人民政府网,http://www.jiangshan.gov.cn/art/2021/9/26/art_1229080371_3648689.html,访问日期:2023 年 8 月 1 日。

其他类型的评估，如法治效果体系评估，2020 年 1 月发布的"中国法律发展报告：2015—2019 年中国法治满意度评估"，其一级指标为"法律规范体系、法治实施体系、法治监督体系、法治保障体系、党内法规体系"，二级指标包括立法、行政、法律教育、人权等 20 个，还有 67 个三级指标和 167 个四级指标。

二、地方法治评估建设的基本特征

（一）现有法治指数评价体系设计重视国家层面规范依据

法治评估必须有章可循，不能随意。目前，我国现有地方已经和正在进行的法治指数评估均以国家关于评估的上位规范作为依据。此类依据，以 2004 年国务院颁布的《全面推进依法行政实施纲要》为基础性规范设定为中心，以党和政府后续颁行的有关文件为基本内容或构成部分。

同时，地方在进行法治评估时，由于自身层级的限制，除国家级的规范依据之外，省市出台文件的，往往会形成地方性的细化规范依据，同时各级也会再行制定更为具体和结合自身工作的评价方案和办法。例如，2020 年 1 月，江苏省苏州市盛泽镇实施《盛泽镇法律实施效果评估暨法治一体化建设工作方案》，为配合市级政府依法治市全面评估工作，围绕支持立法、执法、司法和守法普法领域工作情况组织开展调查并分析研判，这是法治评估最基层的典型代表。

（二）民主政治和民生服务已成为现有法治指数评价体系共识指标

民主、民生是人民权利健康发展的"一体两翼"，中国特色社会主义法治建设和法治评估，必然以民主、民生为关注的重点，其既是法治建设的基本内容，也是对法治进行评价的重要指标要素。

第一，民主问题实际涉及的法治存在的政治环境问题，一定意义上既是法治内也是法治外（法治环境评估）的要素。当前，鉴于我国民主的实现方式主要是人民代表大会的间接民主，因此民主状况的测评关注度较高的是人民代表大会制度的运行情况。此外，政治协商制度和基层民主制度也被纳入了民主要素之中。近年来，在基层政权建设中，违法选举问题受到更多治理实际就是法治化推进民主的重要表现。当前，民主实践最大的问题是立法参与和法治监督的效果等问题。

第二，民生是关乎民众生存与发展、国家政权稳固的社会根本问题，民生也是检验法治建设成效的重大政治问题。对于地方法治建设而言，以民生领域的制度建设和制度落实作为基本的治理重点，是现代服务型政府、现代法治政府的基本要求，国家机关的执法能力提升集中地表现于此。所以，民生法治状况就是看能否最大限度地维护人民群众的社会主体地位，保障公民的各项经济、文化和社会权利的公平实现。

此外，目前民生法治的运行政策性、行政化的状况占据治理行为的主要部分，而治理行为的规范化、制度化、常态化程度较低，法规和制度不够丰富和完善，即便形成了制度规范，政策性宣示也多于实际的制度落实和实现机制设计。面对新时期社会转型的深刻变动，经济结构、分配体系和利益格局正导致社会关系的系统变化，冲突加剧，提升立法、执法、司法的水平与能力，切实保障民生、服务民生，将是法治下一步深度变革的重点。

（三）评价主体政府主导和形式多元化共存

中国法治评估机构一般是国家机构或其授权组织，如省（市）依法治省（市）领导小组办公室或联合相关单位等共同设计法治评估指标体系，并组织开展评估，此类法治评估的主体仍由公权力主导，国家、政府实质上决定着评估体系构建及其评估体系的运行。

即便部分高校或研究机构进行部分相对独立的学术研究型评估，事实上，由于法治指数数据信息的获取依然依靠国家和政府机构，以及上述机构本身仍是国家和政府公办，其经费和人事等均是公权力系统，整体同样不能具备评估本身所要求的完全独立性。所以，当前中国法治评估理论和实践始终陷入评价主体政府主导和形式多元化共存的困局，尚未找到完全独立第三方和公众自由合理参与评估的渠道。

三、地方法治评估建设的现存问题

（一）评估内容科学性不足

第一，现有法治指数评价体系未对评估对象进行严格界定。法治评估的进行必须依靠评估指数指标体系的科学化设置和指标数据的科学性获取。但是，法治指数指标的选定和设置必然是评估负责主体进行主观选择的过程，其主要反映着设计者对法治核心要素的理解和价值偏向。因此，法治指数指标决定于对法治的科学认识和合理界定。

而国家、政府主导型的法治评估理论和实践，首先对于法治的理解立场，是站在公权力最大化的立场之上的，这种立场与现代法治的权力限制、权利创设和发展之基本理念天然地存在对立。这样，法治内涵的前提预设主要在于"现有法律体系下如何运用权力"，而缺乏"对权力自身局限性的批判"，法治内涵的这种不确定性又导致评估主体在建构法治指数指标体系时缺乏清晰的概念基础，结果必然是法治评估指数指标功能体系的弱化，在诸多法治建设的要素上产生评价和定位的偏差和边界模糊。

第二，间接指标的比重高于体现法治的直接指标，政绩指标凸显。法治指数所要评价的必然是法治建设运行的真实状况，评估不是一种无意义的、简单化重复解释，而应是真正科学形成的对我国现有的法治实践的精准判断。

但是，国家、政府主导的职能主义倾向评估模式必然还会带来一个普遍倾向，就是有关指标体系内容的设置的职能主义倾向，这种指标体系内容以本地区或本部门相应职能分解为核心，以既有的工作统计资料收集为基本的依赖方法，评估目标设计与评估结论直接形成今后决策的重要依据。

第三，作为大国政治和大国体系运行的特点，伴随法治运行自上而下任务执行层级化的变动，法治评估对上级政府的文件规范以及指标预设、调查策略均有较强的依赖性。由此，法治评估实践的指标会距离本来需要的指标设计越来越远，指标体系间接性不断增强，而与实际工作中的业绩评价、政绩总结结合更加紧密，致使法治评估的信度遭到贬损。

（二）评估方法客观性较弱

第一，评价指标的获取以及评价过程、结果的客观性缺乏程序和制度保障。"法治评估一般可以分为两种模式：内部考评和外部评估。内部考评即政府和司法机关内部自上而下的考核评估。外部评估即第三方评估。未来法治评估的基本趋势是：内部考评和外部评估两种模式在中国将长期存在；第三方评估从弱到强，逐渐成为常态。"[1] 这样一来，从指数指标的确定上，内部评估对数据指数指标的选取必然受制于自身利益目标的选择，而外部评估又与内部保持距离，同时外部评估事实上也必须通过外部评估的内部化来实现，从而指数指

---

〔1〕 钱弘道、杜维超：《法治评估模式辩异》，载《法学研究》2015 年第 6 期。

标本身的设定就不能避免主观因素。

第二，评价数据的获取模式影响评价最终指数指标。“与评估模式相关的是数据获取方式。目前数据获取基本上有以下几种：第一种方式是官方数据；第二种方式是民调数据；第三种方式是网络抓取数据。”[1]这些数据获取方式、获取过程，具体负责获取和整理的工作人员选择，以及法治评估指数指标的构建等毕竟是不周延的抽样选择调查，很可能和现实情况存在较大差距。所以，被调查的指数指标要求的数据信息本身的客观性自然不能保证，大数据检索绕过了人的影响，但依然绕不过检索者对检索关键词和索引的选择，更不能改变数据与指数指标逻辑因果关联的可能限制。

第三，评价指标的分析缺乏成熟和体系化的理论支撑，从而评价的主观倾向明显。评价结果的客观性必须要求分析评价者始终对数据保持一种绝对的价值无涉，但由于法治评估涉及数据的数量庞大、数据结构复杂，涉及社会子系统多元，评估分析的具体工作人员人数众多且立场多元，而且至今法治结果评估分析更多依靠指标指数设计时统计学原理的法学化，自然科学的属性与社会科学的规律存在分离，最终评价的主观化倾向和法治客观现实之间始终难以获得理想的一致。

（三）评估结果的法治适用明显缺失

法治评估的结果最终要用于应用，真正获得法治实施主体深刻的理解、反思和接受，并在未来法治建设实践中运用结果对制度行为进行修正。但是，目前普遍的现象则是评估结果的闲置和废弃。

第一，法治评估的结果没有科学化的固定，更没有上升到法律化、规范化的状态，其仅仅作为一种调研的成果被悬置，成为一种与业绩、政绩有关的单纯评价话语。法治评估的结果并不会自发形成，只有在评估活动结束后，经过一定的专门程序，才可能实现评估结果的凝练、提升和固化，而现有评估多数只是统计结果的罗列整理，缺乏系统的升华。

第二，法治评估结果必须通过一定的法律程序，才可能使提升后的评估结果规范化、制度化，上升为法律规范和制度，获得法律效力，进而确保制度化的应用，才真正是对法治运行的修正。当前，法治评估结果是否应当获得立法的

---

[1]　钱弘道：《中国法治评估的兴起和未来走向》，载《中国法律评论》2017年第4期。

肯认、如何获得肯认，均没有得到回应，更遑论去修正法治运行实践了。

（四）法治评估的地方化倾向突出

法治评估的“地方化”是指在法治评估过程中，单纯从本地区经济社会发展需要出发，针对本地区特定的法治状况制定评估标准、评估范围、评估对象和指标体系，并由各地方自行组成评估主体、自行设定评估程序和自我评估当地法治建设情况的做法。[1]

法治的一般性和特殊性或者说普适性和地方性是一对恒定的矛盾，法治的地方性必然要求普适性基础之上地方法治实践的特殊需要。这种地方性在中国法治实践中实际有两个层面：一是中国相对于西方法治所具有的地方性；二是基于国内不同区域地方法治现实差异的地方性，特别是少数民族自治区域、农村地区、东中西部经济发展状况不同地区，这种差异是明显的影响因素。因此，结合地方法治实践和地方性知识的法治指数评估体系必须获得重视。

从普适性来看，国家层面的统一的法治评估在于构建统一的价值导向、发展路径和建设标准，实现规范统一的法治化进路，并客观地有利于不同地区间的评比；从地方性来看，地方层面的评估在于把控地方的特殊问题，法治的地方性只是不同法治环境下对法治的不同要求、是法治不同形态的表现，并不是对国家统一法治整体的建设和法治评估的运行的否定，而事实是地方结合实际、因地制宜地对国家层面法治和评估的模仿或具体化。

而当前中国法治评估理论和实践的现状却未能对此进行较好的处理，法治的地方化倾向比较明显。第一，法治评估指数指标体系设计的地方化。法治评估的基础、目标和最终结果必然应契合国家法治建设的总目标，但是当前，各地方只单纯地注重本地因素，指数指标的类型、层级、内容和权重以地方工作需要和操作便捷性为准，而对法治总体要求和内在一致性考虑不足。第二，法治评估内容、对象的地方化。法治评估指数指标和评估过程预设的前提是地方法治建设所遭遇的各种现实问题，而缺乏长远的、整体的考虑，法治评估对象单一、法治评估范围和内容机械简单照搬既有的立法、执法和司法职能设置，缺少法治文化、法治环境等评估，从而不能形成体系化。第三，法治评估主体和评估程

[1] 参见尹奎杰：《我国法治评估“地方化”的理论反思》，载《东北师大学报（哲学社会科学版）》2016年第6期。

序的地方化。地方法治评估的责任主体都是地方法治实施机构本身或者是其委托和组建的团队，评估工作人员选择注重地方利益和法治部门的评价需求，不考虑评估的独立性和创造性；既不能很好创制统一的评估标准，更没有考虑评估数据搜集、数据分析等合理系统的法治评估程序，在工作流程、评估环节、评估步骤和行为规范上各地各行其是，缺乏规范化。

第三节　地方法治的评估体系构建

一、地方法治评估的理论预设

（一）地方法治评估体系应遵循国家法治的同质化标准

"市场化、法治化程度较高的国家和地区是法治评估生成的重要土壤。在一国同一政治框架范围内，法治更多地表现为同质化特征。因此，一国范围内的法治评估尤其地方法治评估并无太多意义。"[1]有学者提出此种观点，尽管该观点存在一定的片面性和绝对化，但是其对法治理论和实践内在具有的质的稳定性之肯定却无疑是正确的。

法治因主权国家政治、经济、社会传统等不同而存在区别，因主权国家内部区域、地方的具体情况不同而有变化，但不影响法治的核心要素，法治建设和评估的路径、方法、手段等方面的差异，并不能背离法治存在和发展的内在规律以及法治基本的价值遵循。

因此，地方法治的评估理论和实践，应当消除过去结构混乱、标准相对多样化的状况，拥有相对规范统一的法治建设评估模式。理论界和实务界应当对中国推行法治以来的评估实践进行提炼与整合，并制度化形成统一的评估指数指标体系。这种体系不仅应对指数指标所对应的法治评价对象、内容保持一致的规范，而且应对量化方法与技术措施进行全面的规范化；既要对指标提取进行科学的规范，很好地设计指标所包含的评估内容，还应将信息提请和分析的程序标准规范化。

（二）应有效协调法治实务工作的绩效评估和纯粹法治评估的独立性

法治评估应当最大限度地减少对法治实施主体即政府的依赖，以实现和

---

〔1〕 李昌庚：《中国法治评估的困惑与出路》，载《学海》2018 年第 1 期。

保证评估的公正、客观，以及评估结果的应用性。但是，中国法治评估进路却必然不能完全脱离政府的干预，特别是作为区域执行者的地方，在法治评估理论和实践中更是如此；并且法治评估数据信息的获取依然无法脱离这种限制。因此，评估项目的设计与操作必须尊重这个现实，任何脱离理论的实践都是虚无的存在，地方法治评估指标不能离开法治实务工作的这个最基本的客观。

所以，法治评估指标不应有意识或者说刻意地避开法治实施机构的实务工作，应当合理科学地看待和评价既有的绩效评估体系，正视政府、司法等机构现实的政绩标准体系或业绩标准体系。事实上，真正科学的法治评估体系的建立和实现，必然是将法治评估指数指标合理对接匹配政府、司法等机构现实的政绩标准体系或业绩标准体系，通过尽可能优化的方法获取法治评估的有效数据信息，排除其他干扰因素，在不脱离实际的基础上寻求纯粹法治评估的独立性。

（三）应注重法治的传统要素和本土要素

尽管传统和现代存在明显的断裂，但是传统与现代的关系不是对立、对抗的关系，现代必然是由传统而来，现代必然受制于传统的影响，现代化只能是传统基础上的现代化，传统和现代的关系是一种融合性关系、一种互相的证成关系，反向的因素最终必然不能抵抗合成的因素。在法治实践的过程中，传统与现代是共在的，其注定要共同、共时地对法治理论和实践产生创设和分裂的双重力量，这就是传统与现代的共时性、共生逻辑。

当然，传统在不同地区和国家，对现代法治构造的作用方式不是唯一的，而是多元化的；有的传统以超越当世的价值导向或方法指引外在的评价引导法治现实，有的传统却以一种内在的方式潜移默化地塑造一种崭新的现代人的世界，其作用的方式是无形的。无论是积极的建构还是消极的解构，传统均是不容否定的。

中国的法治由西方的侵入而开启，但是本土化的各种传统要素却从未消失，永远保持一种不在场的在场；其始终与西方法治的其他元素在现实的场景中博弈和较量。

二、地方评估体系的基本内容

（一）法治评估体系同质化内涵

十九届四中全会审议通过的《中共中央关于坚持和完善中国特色社会主义制度 推进国家治理体系和治理能力现代化若干重大问题的决定》明确提出，中国特色社会主义法治体系由完备的法律规范体系、高效的法治实施体系、严密的法治监督体系、有力的法治保障体系和完善的党内法规体系所组成。

（二）地方法治评估体系典型特征

1. 法治文化要素指标

“中国法治的前途有赖于法治精神在中国土地上真正生根发芽、茁壮成长。法治精神的培育不单纯是政府、学校等个别部门的工作，而是全社会的工作。法治精神是每个人的财富，每个人都是弘扬法治精神的直接责任人。法治精神的型构过程是一场真正意义上的思想启蒙。法治启蒙不是纸上谈兵，而是真正意义上的法治行动。”〔1〕

中国特色社会主义法治起步并运行至今，数十载，从“无法无天”到中国特色社会主义法律体系基本建成并逐步完善，法律制度的构建层面或者说有法问题已经基本解决，尽管立法的民主、立法的内容等方面有待进一步提升，但不再是有无问题，而是层次提升问题。目前，法治中国建设最根本的问题事实上已经转移到执法、司法的完善与健全方面，归根结底是全面的系统性守法。因为执法、司法根本问题，即是取决于执法者、司法者和执法、司法对象两类对立主体的共同守法。

第一，守法是全体公民个体内心真正树立法律至上观念的过程和结果。守法要求全体社会成员在社会生活中心中有法律信仰、行动中自觉遵守法律规范，办事解决问题依法靠法。社会公众的法治观念越强，法治的实施和法治的实现就越接近现实。

第二，意识是行为的先导，增强法治观念、促进法治意识渗入社会成员内在精神世界，是确立守法习惯的开始。在法律治理中，法的实施拥有惩罚和激励

〔1〕　钱弘道：《法治精神形成六论》，载《法治现代化研究》2017 年第 1 期。

两种策略，以此来实现人们的服从或者说守法，对于公众和公民个体来讲，一种属于外在的、被迫的压制性资源控制守法，另一种属于内在的、主动地以引导性资源鼓励守法。压制性资源表现为系统化的强制、惩戒规范以及警察、法庭和监狱等外在暴力力量。引导性资源是法内含的理想目标、价值追求、守序伦理、利益公平分配等法治观念所形成的内在感召力和凝聚力。法治观念的形成是自觉自愿守法的内在基础，能实现法的平稳和谐实施，是法治实施的理想境界。

第三，守法的真正实现，既是系统工程，也是具体的事务性工作，具有阶段性。因此，将法治教育纳入国民教育体系，以国家公务人员特别是领导干部学法、用法为重点，积极发挥执法、司法工作的示范作用，培育系统性的公民普法教育，都将成为法治文化指标体系的基本内容。

2. 公共法律服务指标要素

现代法治基本目标乃是现代社会的建设，是国家政治、经济、文化等社会全领域的真正现代化，最终是现代公民群体的幸福生活。以民生为面向的完备公共法律服务体系，事实上将会成为公民社会权利文化和规则意识孕育的基本环节。

作为法治文化指标要素的延伸，作为公民守法建设的基本保障，是党的十八大以来党中央提出的法治社会建设的新内涵。它明确了法治社会建设的本质是保障人民权益的社会法治，是为广大人民群众谋取福利、提供保障的法律制度建设。法治社会所要求的公共法律服务覆盖城乡，内容丰富，范围广泛，包括公共教育、公共医疗卫生、劳动就业、社会保障等多种社会民生领域的法律服务。

公共法律服务是指由政府提供的一般性法律服务，旨在保障公民的基本权利，维护公民的合法权益，实现社会公平正义。第一，公共法律服务关乎民众权益保障，法律服务的提供是否充分和全面，将直接影响社会公众的权益保障问题，关系到法治社会建设的成败。第二，公共法律服务体系应从建立健全公共服务领域立法体系、树立以保障民生为内核的执法体系、落实公共法律服务救济体系等方面着手建构。第三，需要完善法律援助制度，扩大援助范围，健全司法救助体系，发展律师、公证等法律服务业，统筹城乡、区域法律服务资源等一系列工作来落实。

3. 软法体系指标要素

“法律有硬法与软法两种基本表现形式，其中‘硬法’是指那些需要依赖国家强制力保障实施的法律规范，而‘软法’则指那些效力结构未必完整、无须依靠国家强制保障实施、但能够产生社会实效的法律规范。”[1]软法规范具有更多的倡导性、论证和宣示特点，其更加关注整体的规范方向、规范目标，对行为方式的刚性要求相对较弱，重视目标和结果的实现，对行为细节的关注程度以及行为方式的选择具有软性的权力约束。

同时，软法的实施方式不直接依靠国家强制力的实施，软法规范的制定与实施过程更加要求民主协商的作用发挥。在一个充满不确定性、崇尚自由、权威多极化、利益关系冲突频繁、信息高度不对称的现代社会，硬法的强制性、暴力性显然与上述文明的要求产生距离，特别是如果硬法规范又存在诸多不足，甚至与善法产生部分冲突之时，法律至上的权威就不得不大打折扣。

而软法对主体自足性、自治理性相匹配的特点，恰好在新的立场上，解决了社会主体对规则的依赖、对秩序的需求和对现代化公平正义的内在期望。善于表达共识、合意、协商的理性软法的兴起，很好地赋予了社会大众行为选择的合理注脚，体现了一定的民意基础，从而强化了法律体系的正当性、大大提高了法治运行的实效。因此，软法指数指标体系的构建和融入势必是法治评估理论和实践科学化的重要环节。

4. 法治建设外部环境指标要素

论及“法治建设外部环境”首先应把握其所指，“法治建设环境”相对于“法治环境”，在用语的精确性上更能凸显本研究指数指标体系构建的思路。“法治环境”实际存在两种理解：一种是影响法治建设和发展的各种外部要素的总和，另一种是市场经济或民主政治等其他社会子系统存在和发展所依靠的法治、法律运行状况。而本研究围绕法治评估理论和实践的展开，主要是从第一种意义上来讲的，所以“法治建设外部环境”更能准确地指明研究的目标。

“法治建设外部环境”是法治发展的土壤，是法治营养之来源，法治真正的实践状况不能缺失外部环境要素的考察。从社会的系统构成来讲，法律子系统之外的政治、经济、文化（包含道德和宗教）、重大事件以及现实社会运行的潜规则系统都是“法治建设外部环境”应当包含的内容。其中，以理念、精神为内核的法治文化，在既有政治、经济和法律体制确定的状况下，更具有决定性的

---

[1] 罗豪才、宋功德：《认真对待软法——公域软法的一般理论及其中国实践》，载《中国法学》2006年第2期。

意义。

而既有法治评估的指标体系，主要针对法治建设实践本身，“法治建设外部环境”并没有得到足够的重视，尽管政治、经济、法治文化要素等个别问题有所涉及，但是指数指标的指向科学性均有待修正，对影响和制约法治的潜规则系统（可能与软法形成关联）等要素基本忽视。

三、地方评估的优化路径

以法治的形式意义与实质意义区分的二元分析框架的规范法治观和重视实践的行动精神的实践法治观，是现阶段两种推进法治中国建设的法治研究的分析范式。前者以法治的理想图景、法治正当性，以价值引导法治的建构。后者重视理解和把握法治中国建设的客观实效，要求质与量的辩证统一。随着法治中国运动的日益深刻，规范法治观向实践法治观的融合转化也越发明显，“实践性”越来越成为法治建设的根本品格。

第一，法治自其产生之始，最为本质、最为核心的要义即在于规范公权力的行使。法治中国的建设一定要坚持人民利益至上、公民基本权利至上，通过制度化的手段“把权力关进笼子里”，正确处理权力和权利之间的关系，以及国家与社会、公民个体之间的关系，实现依法治权和依法发展与创新人民权利。法治评估的理论和实践，应当站在宪法和基本法律对权利的规范统领之下，关照社会现实、社会变迁中存在的人民群众持续增长的美好利益诉求，观察、分析和调整国家、政府法治的行动轨迹，让法治能够以看得见的方式运行，让法治服务于权利。

第二，法治中国的生成必须依赖于现实的主体，法治评估理论和实践更要以主体赋能状况为核心。作为法治精神意蕴的主体认同缺失是当前法治建构的重大困境和难题，法治赋能、法治外部环境构建等法治关键要素的培育发展都应当重视公民的主体地位和主体力量对于形塑法治的力量和作用。法治社会的内在精髓正在于让法律为每一个人更好服务。

第三，法治评估理论和实践还必须关注法治建设的时空维度，法治不仅是一个庞大而复杂的规范规则系统，更是历史和社会行动中鲜活运行着的有机行动结构，而时间、空间就是法治生成及运作的变量，规则系统和行动结构在时空中的运动永恒伴生。

（一）繁荣市场经济、深化体制改革，为法治评估培育厚重"土壤"

市场经济是法治社会构建的根本基础，也是法治社会的重要内容，市场经济发展的辩证法与国家和社会、自由和秩序的对立发展始终关联。历史经验表明，市场经济与法治的关系，最终必然体现和决定于自由与秩序的关系：自由被认为是市场的本质，而秩序则反映了国家对社会的介入，在某种意义上甚至可以理解为国家存在的理由。

从我国现实国情来看，市场经济体制还不成熟，法治化程度还不高，这是造成我国法治评估困惑的关键因素。解决上述问题和矛盾的关键在于持续地、深入地全面深化改革。法治中国建设的未来状况如何，就本质而言，决定于繁荣市场经济、深化体制机制改革的效果如何，换言之，也是对国家与社会、自由与秩序之间关系理性处理的层次和能力如何的考验。

（二）坚持党的领导、国家政府主导、多元主体协同参与的发展机制

"中国法治建设最大的难点就是缺乏市民社会的传统。中西方都存在规则，但在封建的中国，法律、道德、族规等规则仅仅是统治者单方的武器、统治的工具，而西方市民社会交往的方式——协商、妥协与合意，决定了规则是社会成员各方的圭臬，很容易成为社会信仰的对象。"[1]

因此，法治的培育，包括法治评估理论和实践同样应坚持法治国家、法治政府、法治社会多层级评估指标体系的一体化构造。要求通过制度和政策的支持，培育发展社会组织，理顺政府与社会组织在社会治理中的作用。政府应该有效统领和整合社会组织，积极提升社会组织参与社会公共事务治理的能力，为社会组织进行社会治理、实现社会公平正义保驾护航，从而发挥政府、市场、社会等不同领域的各种主体的作用，真正实现社会协同共治，积极将上述主体力量引入法治评估的实践过程。

（三）提升法治评估对法治建设的构建价值，强化法治评估的实践性

有学者提出，"法治评估是一种法治建设的倒逼机制。从功能上讲，法治评

---

〔1〕 王清平：《法治社会在中国建设的意义、难点和路径》，载《学术界》2017 年第 8 期。

估机制能够倒逼法治建设的各项工作”。[1] 但事实上，对法治评估的功能价值只定位在“倒逼”这个层面，是不利于法治评估的功能提升的，对法治评估理论和实践的理解，更应从法治发展的阶段性变化、一种法治自我的提升修正视角来看待，这种量化法治事实上在发展的实际过程中构成了法治自我批判、反思和重构的新的历史阶段，是法治自身运动的一个形态。

所以，法治评估理论和实践应当承担着更加富有建设性、创设性的历史使命，法治评估的实践性应当是法治的深度自我革命，通过自我检索、发现过去路程中的问题和障碍，寻求新的法治发展方向和路径突破。

四、大数据时代对法治评估的挑战和应对

大数据方法应用于法治评估领域，是提高法治评估实效性的有益尝试。大数据方法在法治评估中的应用，可以提升法治评估解释体系的有效性，强化法治评估结果的客观性，维持法治评估知识发现路径的开放性，回应法治评估的民主化需求。[2]

第一，梳理海量科学数据和事实的基础，以科技手段进行实证调研。获取第一手数据资料，建立国家法治指数的大数据库平台，用法治数据和法律事实说话，把所有分析研究建立在大量科学数据和事实的基础上。

第二，提高法治数据真实性，推动法治问题的量化指数研究。一方面，需要不断积累大量科学真实的数据，法治数据越多越充分真实，越具有客观性、连续性和可比性，就越能够说明和解释法治现实问题，预测和把握未来法治发展趋势，这样的法治指数研究价值就越高。另一方面，需要以“工匠精神”不断总结和积累经验，完善分析方法，完备指标体系，深化调查研究，把各方面工作做到最好或者极致。

2015 年 8 月，国务院印发《促进大数据发展行动纲要》，指出数据已成为国家基础性战略资源，大数据对经济运行机制、社会生活方式和国家治理能力产生重要影响。2017 年 10 月，党的十九大报告也提出，提高社会治理社会化、法治化、智能化、专业化水平。2023 年 4 月，中国政法大学法治政府研究院发布

[1] 钱弘道：《中国法治评估的兴起和未来走向》，载《中国法律评论》2017 年第 4 期。

[2] 参见杜维超、钱弘道：《大数据方法在法治评估中的应用：理论前景及技术架构》，载《社会科学战线》2018 年第 12 期。

《法治政府蓝皮书:中国法治政府评估报告(2021—2022)》评估报告选择100个城市为评估对象,从政府职能依法全面履行、依法行政制度体系的完善、优化营商环境的法治保障、数字法治政府等11个方面,对地方法治政府建设水平进行评估。报告构建的"2021—2022年度中国法治政府评估指标体系",有力推动我国法治政府建设,实践意义重大,也为各地加强法治政府建设、提升依法行政水平提供重要参照。[1]

此外,2023年3月成立的河南社会稳定风险评估研究院即是依靠互联网和产业大数据技术,大河网与河南财经政法大学开展的用数据支撑智库研究典型案例。此次合作可有效落实重大决策社会稳定风险评估制度,为提升风险评估工作科学化、专业化、法治化、社会化、智能化和新形势下建设更高水平的平安河南提供有力保障。[2] 因此,以智能社会法治的核心范畴即"数据权利"为单元,扩充国家治理的新向度将为满足人们美好生活的创新需求提供有力支撑。

第三,大数据方法进入法治建设实践,充分发挥在法治评估理论和实践中的作用,将大大提升法治评估解释体系的有效性,强化法治评估结果的客观性,维持法治评估知识发现路径的开放性,回应法治评估的社会多元需求。大数据能够提供法治评估理论和实践所需要的庞大数据信息,并且,这种评估对象数据信息的获取可以通过大数据网络的自动抓取来实现,规避了数据提供者的数据信息选择偏向,增强了数据信息的客观性和可信度,更利于法治评估结果真正成为法治修正的决策依据。

第四,法治评估除作为决策参考依据之外,还发挥着提供民主参与路径的作用。大数据的开放性和流动性特征,形成了多中心的、水平的复杂交流,有效实现了政府公权力的开放和流动。通过将公共权力拉入无法单向度控制的民众自由发挥空间,它使统治权力的结构更为混杂,客观上重整了国家社会的治理结构,有效运用民意辩论与协商共识、促进的决策的民主化和大众参与实践,从而真正地建构了平权化的治理模式。大数据的法治评估基于互联网的公开性,在数据获取上是完全公开的,不存在公权力决策的神秘主义等非公开、不透

---

〔1〕 参见陈章:《〈法治政府蓝皮书:中国法治政府评估报告(2021—2022)〉发布会成功举办》,载正义网,http://news.jcrb.com/jsxw/2023/202305/t20230504_2520146.html,访问日期:2023年8月1日。

〔2〕 参见祝传鹏:《探索用数据支撑智库研究 河南社会稳定风险评估研究院成立》,载腾讯网,https://new.qq.com/rain/a/20230302A0930700.html,访问日期:2023年8月1日。

明问题。并且，关于对民意的获取，由于大数据绝对的数量上的优势和数据来源渠道的绝对广泛性，大数据客观上必然能够更为全面深刻地反映民意。

但大数据在法治评估中的应用也明显地存在其自身的限度。首先，大数据方法的分析属于典型的相关性分析，而不是典型而明确的因果性分析，相关性分析的逻辑性和必然性就会受到削弱。其次，大数据方法的法治研究也无法回避价值判断。由于数据信息脱离其创造者，而且分析对象是经过机器裁剪和处理后的数据集，个体人格的特征及偏好在这种数据中被遮蔽了，这就使大数据方法可能导致个体性价值的遮蔽，无法完全满足法治评估的原初目标，从而还可能侵犯人民的基本权利。再次，大数据的民主或对民意的捕捉，在数据获得和分析程序上也有数据掌控者的数据算法秘密，也体现为评估程序本身的公开透明性不足，从而可能同样会导致评估指标体系对民意的代表性不足。最后，大数据的获取和挖掘需要一定的算法和规则，这些算法经常过于复杂，实际已经超越了普通民众的认知和把控能力，可能还会导致数据的算法黑箱与新的权力和权威危机。

总之，法治评估本应是一个以实践性、操作性、技术性为核心的研究领域，是法治这一系统工程的具体建设工具。而在数十载的实践中，随着法治评估的重要性为权力意志所确定，在知识市场中各地政府机关形成了稳定的需求方，“法治评估学”开始形成，法治评估理论的供给出现井喷，同时也使法治评估研究领域出现了“过度理论化”的趋向，各种研究热衷于在概念和理念中进行脱离实际的构建，而法治评估最基本的技术和操作层面则乏人问津。将大数据方法应用于法治评估领域，是推进法治评估实效的有益尝试，是对我国数据驱动(data driven)型法学研究范式的一次新鲜尝试，也是一种促使法治评估研究由理论向实践、由理念向技术、由构建向操作回归的努力。[1] 当然，在积极探索大数据方法在法治评估中的应用形式的同时，也应清醒地意识到大数据方法的限度，谨慎地设计大数据方法与传统抽样调查方法的互补合作模式，全面提升我国法治评估的实效性。

---

〔1〕 参见杜维超、钱弘道：《大数据方法在法治评估中的应用：理论前景及技术架构》，载《社会科学战线》2018 年第 12 期；苏海雨、王学辉：《大数据时代法治政府评估创新应用》，载《天津行政学院学报》2019 年第 2 期。